Thich Nhat Hanh
Versöhnung beginnt im Herzen

Thich Nhat Hanh

Versöhnung beginnt im Herzen

Einander zuhören – Feindschaft überwinden

Aus dem Amerikanischen von Renate FitzRoy
und Thomas Schmidt

FREIBURG · BASEL · WIEN

Titel der amerikanischen Originalausgabe:
Peace Begins Here
Palestinians and Israelis Listening to Each Other
Parallax Press, Berkeley, California
Copyright © 2004 by Unified Buddhist Church
All rights reserved. No part of this book may be reproduced by any
means, electronic or mechanical, or by any information storage and
retrieval system, without permission in writing from Parallax Press.

Redaktionelle Durchsicht: Dr. Ulrich Scharpf

Gedruckt auf umweltfreundlichem,
chlorfrei gebleichtem Papier

Deutsche Erstausgabe

Alle Rechte vorbehalten – Printed in Germany
© der deutschen Ausgabe: Verlag Herder Freiburg im Breisgau 2005
www.herder.de
Satz: Susanne Lomer, Freiburg
Herstellung: fgb freiburger graphische betriebe 2005
www.fgb.de
ISBN 3-451-28825-7

Inhalt

Vorwort
Der Ausweg führt nach innen 9

Einleitung 13

Kapitel 1
Die rechte Zeit für ein Picknick 19
  Zuflucht finden 22
  Achtsames Gehen 23
  Ich bin angekommen 24
  Die fünf Reiche des Friedens 29
  Ich bin gefestigt, ich bin frei 30
  Genießen Sie Ihr Frühstück! 32
  Der Friede liegt in jedem Augenblick 36

Erfahrungsberichte
  Einander helfen, menschlich zu sein –
  Gedanken eines Palästinensers zur Achtsamkeit 38
  Der Weg der Liebe –
  ein Israeli berichtet 39

Kapitel 2
Die Saat des Friedens heranziehen 41
  Die Kunst, allein zu leben 42
  Wie wir mit unseren
  Gefühlen gut umgehen können 45

Ein Tropfen Wasser im Fluss   47
Den Samen der Freude gezielt wässern   50
Verschönern Sie Ihren Garten   52
Eine echte »Road Map« für den Frieden   54
Tiefes Zuhören, liebevolle Rede   57
Einen Liebesbrief schreiben   60
Die Kunst des tiefen Zuhörens   62

Erfahrungsberichte
Einen Raum in unserem Inneren schaffen –
ein Israeli findet einen Raum zum Träumen   66

Kapitel 3
Glück finden   67
Das Reich Gottes   71
Achtsames Geschirrspülen   75
Voraussetzungen für das Glück   77
Leid und Glück hängen voneinander ab   78

Erfahrungsberichte
Etwas hat Fuß gefasst und gewinnt an Stärke –
eine palästinensische Frau berichtet   82

Kapitel 4
Der Friedensvertrag des Volkes   85
Verzweiflung und Hoffnung   88
Bei sich selbst einkehren   90
Auf dem Weg des Friedens   93
Mit Verstehen und
Mitgefühl auf Gewalt reagieren   94
Die Bootsflüchtlinge   99
Der Friedensvertrag   103
Rechtes Verstehen   107

Erfahrungsberichte
Ich bin kein Einzelfall –
ein Palästinenser erzählt seine Geschichte   109
Ein Land des Friedens schaffen –
ein Israeli spricht   110

Kapitel 5
Wut und Versöhnung   115
Als Menschen gleichen wir uns vollkommen   119
Unterschiedliche Formen von Macht   123
Der wahre Feind   127

Erfahrungsberichte
Mein Bruder schweigt –
die Geschichte einer israelischen Frau   129

Kapitel 6
Frieden ist möglich   133
Der Klang der steigenden Flut   134
Gewalt ist nicht unser Weg   137
Eine Möglichkeit des gewaltlosen Widerstandes   141
Fünf Übungen der Achtsamkeit   144

Übungen für den Frieden
Achtsames Gehen   148
Achtsames Essen   154
Tiefes Zuhören und liebevolle Rede   160
Tiefenentspannung   166
Neubeginn   170
Der Friedensvertrag   173
Fünf Übungen der Achtsamkeit   185

Anschriften   189

Vorwort
Der Ausweg führt nach innen

In der Hoffnung, eine heilsame Wirkung im Nahost-konflikt ausüben zu können, forderte Thich Nhat Hanh 2001 seine Schülerinnen und Schüler aus dieser Region auf, in Plum Village zusammenzukommen. Dort sollten sie zwei Wochen lang meditieren und Achtsamkeit üben. Dieses Retreat hatte eine so verwandelnde Kraft, dass seitdem jedes Jahr wieder zwischen fünfzehn und dreißig Palästinenser und Israelis sich in Plum Village getroffen haben, um einander zuzuhören und ihren eigenen, inneren Friedensprozess in Gang zu setzen.

Ich hatte das Privileg, zu den ersten Teilnehmern zu gehören. Ich erlebte, wie die Übungen, die das vorliegende Buch anbietet, nicht nur mir, sondern den Einzelnen in der Gruppe und der Gruppe insgesamt halfen – trotz aller Schwierigkeiten. Dieses Erlebnis hat meinen Glauben an den Weg des Friedens gestärkt und meine Entscheidung beeinflusst, mich als Nonne ordinieren zu lassen. Ich praktiziere jetzt in Plum Village, während meine palästinensischen und israelischen Freunde regelmäßig gemeinsam mitten im umkämpften Gebiet praktizieren.

Für mich als junge Nonne ist der Hauptantrieb das Wissen, dass ich meine wahre Freiheit selbst in der Hand habe, denn ich kann meine Wahl treffen. Wir brauchen auf niemanden zu warten, der für uns die Entscheidung trifft, ein Leben des Friedens, des Verstehens und der Liebe zu führen. Wenn ich möchte, dass der Krieg endet; wenn ich will, dass Gewaltlosigkeit in meinem Leben verwirklicht wird, dann bin ich es, die den Kampf in meinem Inneren beenden muss. Auf die Wandlung meines Geistes kommt es an. Von meinen Denken und Tun hängt die Freiheit ab – die Freiheit, die uns die Praxis in Plum Village bietet. Für Palästinenser und Israelis ist der Ausweg der Weg nach innen.

Die palästinensisch-israelischen Gruppen, die nach Plum Village kamen, konnten mit ganzem Herzen zuhören, auch wenn über Leid gesprochen wurde. Sie verurteilten nicht, und sie gaben keine Kommentare ab. So gelang es ihnen, zu Brüdern und Schwestern zu werden. Es entstand ein wahrhaft heiliges Land, in dem sich unsere Teilnahme aneinander zeigt und wir dem Mitgefühl und dem Verstehen neue Nahrung geben. Es war eine Herausforderung. Wir mussten in unser Inneres schauen, unseren Schmerz annehmen und das Misstrauen überwinden.

Wie jeder andere Mensch auf dieser Welt sehne auch ich mich nach einem Zuhause, in dem ich mich sicher fühlen kann. Diese Sicherheit finde ich in der menschlichen Güte, die du und ich in uns tragen. Darin liegt meine Zuflucht, die ich überall finden kann, auch wenn sie dem Auge manchmal verborgen ist. Ich lerne, sie zu berühren und sie in mir selbst und anderen wachsen zu lassen. Wenn ich das Vertrauen in mich selbst und andere verliere, dann nur, weil ich vergesse, dass es die Güte gibt.

Um eine wahrhafte Umwandlung zu erreichen, dürfen wir nicht nur auf der individuellen Ebene arbeiten, wir müssen auch kollektiv etwas bewegen. Sowohl das individuelle als auch das kollektive Bewusstsein müssen geheilt werden. Das kann lange dauern, und manche Ergebnisse unserer Bemühungen werden erst auf ganz lange Sicht wahrnehmbar sein. Dennoch können wir sofort mit dem Handeln beginnen, um der Gewalt ein Ende zu machen und andere in diesem Prozess zu unterstützen. Wir können einen Anfang machen, indem wir deutlich sagen, dass kein Gewaltakt je Glück gebracht hat, weder den Unterdrückten noch dem Unterdrücker. Haben wir keine Angst vor einer klaren Stellungnahme. Sollten wir aber feststellen, dass wir im Stellungbeziehen irgendeinen unserer Brüder und Schwestern ausschließen – wer auch immer sie sein und welcher Partei sie auch angehören mögen –, dann ist unser Bemühen, in Frieden zu leben, bereits fehlgeschlagen. Niemand sollte aus unserem Friedensprozess ausgegrenzt werden.

Die palästinensischen und israelischen Freundinnen und Freunde, die in Plum Village praktiziert haben, waren nicht allein in ihrem Bemühen um individuelle und kollektive Heilung. Die internationale Gemeinschaft aller anderen, die sich dort aufhielten, spielte eine bedeutende Rolle, nicht nur als Zeugin des Prozesses, sondern auch durch das Praktizieren mit uns und durch wahrhaftes Zuhören. Ohne die Anwesenheit von Menschen aus vielen verschiedenen Ländern wäre dieser Prozess nicht vollständig. Wir alle tragen die Verantwortung für den Brand im Nahen Osten. Als Israelis und Palästinenser, müssen wir lernen, als Einzelne wie als Gruppe Zuflucht zur internationalen Gemeinschaft zu nehmen.

Wenn wir anderen Menschen Frieden und Lebensraum anbieten wollen, müssen wir beides zunächst in uns selbst pflegen, denn man kann nicht anbieten, was man selbst nicht besitzt. Dieses Buch lässt den Leser teilhaben an den Wurzeln des Leidens, und es schlägt Wege vor, wie wir zu uns selbst zurückfinden und den inneren Frieden pflegen können. Palästinenser und Israelis tauschen auch ihre persönlichen Geschichten darüber aus, wie sie diese Methoden in die Praxis umgesetzt und ihre eigene Verwandlung erlebt haben.

In diesem Buch werden Sie inspirierende Worte und Übungen für den Frieden finden. Beides wird Ihnen helfen, Licht an Orte der inneren und äußeren Welt zu bringen, die von Verzweiflung verfinstert sind. Es kann auch dazu beitragen, dass Sie Menschen einbeziehen können, die ihre Wahl noch nicht getroffen haben. Möge dieses Buch uns alle inspirieren, sich für den Frieden zu entscheiden und ihn zu leben.

Schwester Thai Nghiem

Einleitung

Seit einigen Jahren kommen Gruppen von Palästinensern und Israelis nach Plum Village, um Achtsamkeit zu praktizieren. Wenn sie eintreffen, beäugen sie sich oft erst voller Misstrauen und können kein Mitgefühl füreinander empfinden. Aber durch die Praxis und mit Hilfe der Gemeinschaft gelingt es ihnen, ihr Leid, ihren Zorn, ihr Misstrauen und ihren Hass zu beruhigen. Nach einigen Tagen erkennen sie, dass auch die andere Gruppe leidet. Das braucht Zeit.

Wenn wir sehen, dass jemand anders ebenfalls weint und verzweifelt ist, sehen wir ihn als menschliches Wesen, und mit einem Mal werden der große Hass, die Furcht, das Misstrauen in uns sehr viel weniger. Es geht uns besser. Jetzt können wir den anderen mit mehr Verstehen und Mitgefühl betrachten. Bei den Übungen sind Brüder und Schwestern anwesend – Laien oder Ordensleute –, die sich aufs Helfen verstehen.

Wir besitzen nicht immer die Weisheit Buddhas, Gottes, Allahs, Mohammeds oder Jesu. Darum ist es so wichtig, achtsames Atmen, achtsames Gehen und Tiefenentspannung zu praktizieren. Nur so können wir uns unseres Leidens, unserer Wut und unserer Furcht annehmen. Ohne diese Praxis kommen wir nicht weit. Zusammensitzen und Diskutieren bringt uns nicht weiter. Im Weißen Haus wurden viele Friedensgespräche organisiert, aber keine Übungen in tiefer Entspannung, achtsamem Gehen und achtsamem Essen, die uns dabei helfen, unseren Zorn und unsere Furcht zu umarmen.

In Plum Village bemühen wir uns, die Dinge anders zu machen. Wir diskutieren keine Friedensstrategien. Wir bringen den Frieden zuerst in uns selbst hinein. Dann schauen wir im kleinen Kreis einander an und erkennen einander an als Menschen, die viel gelitten haben. Es ist möglich zu erkennen, dass unsere wirklichen Feinde Hass, Furcht, Verzweiflung und vor allem falsche Wahrnehmungen sind. Die Menschen sind nicht unsere Feinde. Weil wir uns selbst und die anderen nicht verstehen, zerstören wir einander. Darum beginnt unsere Praxis immer damit, Kummer und Schmerz zu umarmen. Wir halten nichts davon, die Lage im Nahen Osten zu diskutieren. Es ist über die Jahre schon so viel geredet worden, und es hat nichts geholfen.

Wenn es uns erst einmal gelungen ist, Ruhe in unsere Gefühle zu bringen, können wir uns der Praxis zuwenden, den anderen Menschen eingehend zuzuhören, um ihr Leid zu begreifen. Eingehendes Zuhören geht einher mit der Praxis des liebevollen Sprechens. Wir bemühen uns, so von unserem Leiden zu sprechen, dass wir nicht die andere Seite beschuldigen. Wir sprechen ohne Bitterkeit, ohne Schuldzuweisung, ohne Zorn. So fällt es anderen Menschen leichter, unsere Lage und unser Leid zu verstehen. Wenn wir eingehendes Zuhören und liebevolles Sprechen einsetzen, ist es möglich, sich zu verständigen, und wenn die Verständigung einmal möglich ist, wird auch Frieden möglich.

Am Ende eines jeden Retreats kommen Palästinenser und Israelis zusammen, berichten von den Früchten ihrer Praxis und besprechen, wie diese Praxis nach ihrer Rückkehr in den Nahen Osten weitergeführt werden soll. Gerade in einem Konflikt- oder Kriegsgebiet kommt es darauf an, eine Gemeinschaft zum Praktizieren zu haben. Ohne Mitpraktizierende gehen Praxis, Frieden, Mitgefühl und Glück verloren. Durch das Mitgefühl, das aus unseren Augen strahlt, machen wir die Menschen um uns herum glücklich, und wir können Frieden an Ort und Stelle umsetzen.

Vor kurzem stellte mir ein palästinensischer Teilnehmer am Ende eines Retreats folgende Frage: »Ich bin von Palästina hierher gekommen. Dort leben wir unter israelischer Besatzung. Wir müssen täglich vielerlei Unterdrückung sozialer und materieller Art erdulden. Ich bin hierher gekommen und habe mein Volk zurückgelassen, das getötet wird, das von Flugzeugen aus bombardiert wird, auf das israelische Panzer schießen. Wir sind gerade dabei, unser Land zu verlieren, denn die Israelis haben beschlossen, die Trennmauer zu bauen. Bei all diesem Leid, das wir täglich erleben, glauben wir aber immer noch, dass es eine andere Art Israelis gibt, denen wir noch nicht begegnet sind. Vielleicht sind wir deshalb hier in Plum Village, damit wir diese anderen Israelis kennen lernen können. Wie können wir unseren unschuldigen Kindern vermitteln, dass es noch Licht und Hoffnung gibt und dass vielleicht ein besseres Leben auf sie wartet?«

Darauf gab ich die folgende Antwort: Vor mehr als vierzig Jahren war ich mitten im Krieg in Vietnam. Hunderttausende von Amerikanern waren im Land, und täglich starben Vietnamesen – Soldaten und Zivilisten, Kinder und Erwachsene. Täglich starben viele von uns. Ich sah auch, dass täglich auch amerikanische Soldaten in Vietnam starben, aber die Zahl der getöteten Vietnamesen war höher als die der amerikanischen Soldaten. Unter den jungen Menschen in Vietnam herrschte Verzweiflung.

Was Sie Ihren jungen Leuten sagen können, kommt vielleicht dem nahe, was ich vor dreiundvierzig Jahren in Vietnam gesagt habe. Ich glaube, vielen amerikanischen Soldaten ging es ähnlich. Mehr als 50 000 von ihnen starben in Vietnam, und viele ihrer Familien konnten sie nicht in Amerika begraben. Sie wissen, dass es Israelis gibt, die für den Frieden sind und mit ihrer Regierung nicht übereinstimmen. Die können Sie unterstützen. Zu wissen, dass es solche Israelis gibt, kann Sie aus der Verzweiflung reißen. Für die israelische Seite gilt das Gleiche – sie wissen, dass es Palästinenser gibt, die das Leiden sehen, das der Krieg verursacht, und die dem Weg der Gewalt nicht folgen wollen. Dieses Wissen hilft ihnen auch, mit sich ins Reine zu kommen. Es gibt junge Israelis, die den Mut aufbringen, den Kriegsdienst zu verweigern. Ihr Handeln ist wie eine Dharma-Lehrrede der Gewaltlosigkeit.

Einige Menschen, Israelis wie Palästinenser, die für den Frieden eintreten, sind nach Plum Village gekommen. Ich baue auf sie, dass es ihnen gelingt, einen Weg für den Frieden zu öffnen. Beide Seiten haben sich in den vergangenen Jahren sehr um den Frieden bemüht, hatten aber wenig Erfolg. Ohne eine spirituelle Dimension in unserem Friedensprozess können alle unsere Anstrengungen zunichte werden. Die spirituelle Dimension hilft uns, die Dinge besser zu durchdenken und zu erkennen. Darum ist die Praxis des tiefen Schauens so wichtig. Meditieren bedeutet nicht, vor der Realität zu fliehen, sondern sie bietet die Gelegenheit, sich hinzusetzen und die Lage eingehend zu betrachten, die Dinge klarer zu erkennen und einen besseren Weg zu finden, den Konflikt und das Leiden zu beenden. Ich hoffe, dieses Buch ist mit vielen Einsichten gefüllt, die Palästinensern und Israelis unmittelbar helfen, weniger zu leiden. Ich hoffe, dass diese Übungen uns einen klaren Verstand geben, damit wir so handeln können, dass daraus Friede und Versöhnung entstehen. Das sind keine Träume, sondern Dinge, die wir anpacken können. Die Gruppen von Palästinensern und Israelis, die nach Plum Village gekommen sind, haben das gezeigt. Ihnen ist eine Verwandlung gelungen, und sie können hier untereinander Frieden schließen. Das haben wir hier im kleinen Maßstab vollzogen. Wenn es uns im großen Maßstab gelingt, wird Frieden im Nahen Osten herrschen.

Kapitel 1
Die rechte Zeit für ein Picknick

Es war einmal ein Lehrer, der mit seinen Schülern in einem Tempel wohnte. Eines Tages sagte einer der Schüler: »Lieber Lehrer, können wir ein Picknick veranstalten?« Der Lehrer sagte: »Ja, wir wollen einen Tag dafür bestimmen.« Sie waren aber immer so beschäftigt, dass sie nie einen Termin fanden. Ein Jahr verging, zwei, drei, und immer noch hatten sie ihr Picknick nicht gehalten. Da sahen sie eines Tages, als sie durch die Stadt gingen, einen Leichenzug. Der Lehrer fragte seinen Schüler: »Was ist das?« Und der Schüler antwortete: »Die Leute gehen zum Picknick. Das können sie erst, wenn sie sterben.«

Ich habe zwei Kriege in Vietnam erlebt und ich weiß, was Krieg bedeutet. Man weiß nicht, ob man am Nachmittag oder am Abend noch am Leben sein wird. Angst, Zorn und Verzweiflung herrschen. Wer nicht weiß, wie er damit umgehen soll, kann nicht überleben. Darum besteht unsere Praxis darin, unser Picknick hier und jetzt zu halten und nicht zu warten. Ist es für Israelis und Palästinenser möglich, ein Picknick zu veranstalten und jeden Moment zu genießen? Ich denke schon.

Das Picknick kann hier und jetzt, in diesem Augenblick, stattfinden. Vielleicht geht heute noch eine Bombe hoch, aber unser Picknick halten wir trotzdem. Wir sitzen hier alle zusammen und haben nichts zu tun. Wir sitzen einfach da und genießen das, wir machen uns keine Sorgen, denn das Dasitzen ist ein Vergnügen. Jemandem, der spricht, zuzuhören, ist auch ein Vergnügen. Man braucht nichts zu lernen, keine Prüfung abzulegen, kein Diplom zu machen. Man sitzt einfach da und atmet genussvoll ein und aus und hört zu, wie jemand über den Frieden spricht. Es geht mir nicht darum, irgendjemandem bestimmte Vorstellungen vom Frieden zu vermitteln – Sie haben ja schon sehr viele Vorstellungen dazu. Unsere Absicht ist es, hier und jetzt der Friede zu *sein*.

Oft findet unser Körper keine Ruhe. Wir können lernen, unserem Körper im Hier und Jetzt Ruhe und Frieden zu bringen. Der Körper leidet, besonders in Kriegszeiten, und wir stehen unter Spannung, Stress und Druck. Wir haben dem Körper zu viel zugemutet, und so steckt er voller Konflikte. Die Art, wie wir unseren Körper behandeln, verursacht ihm so viel Leid, dass er uns nicht in Ruhe lassen kann. Um Frieden in unseren Körper zu bringen, müssen wir ihm Ruhe gönnen, damit er sich erneuern und heilen kann. Das können wir heute tun. Schon nach ein oder zwei Stunden wird es uns besser gehen. Wir sprechen nicht nur über Frieden in unserem Körper, wir tragen ihn hinein.

Wir alle kennen Gefühle der Trauer, des Schmerzes oder der Aufregung. Diese Gefühle durchströmen uns wie ein Fluss und überwältigen uns oft. Im Zusammensein mit Freunden, die mit ihren Gefühlen umzugehen wissen, können wir auch lernen, die unseren zu handhaben. Schon nach fünfzehn Minuten des Atmens und des Achtsamseins dämmert uns, wie wir mit unserer Angst, unserer Verzweiflung, unserer Wut umgehen sollen. Dies ist ganz wichtig, denn wer nicht mit seinem Körper und seinen Gefühlen des Zorns, der Angst und der Verzweif-

lung umgehen kann, kann nicht über Frieden reden. Gut
mit diesen Gefühlen umgehen zu können bedeutet, dass
Friede und Harmonie in den Körper und die Gefühle
einkehren.

Wenn wir überwältigt werden, nehmen wir die Dinge
nicht wahr, wie sie sind. Wir haben eine falsche Vorstellung von uns selbst, von den anderen und von der Welt.
Diese falschen Auffassungen bilden die Grundlage unseres gesamten Handelns, machen uns unglücklich und
verbreiten Zerstörung, Angst und Zorn. Wir müssen in
der Lage sein, unsere Wahrnehmung einzuschätzen und
sie als richtig oder falsch zu erkennen. Unser Leid entsteht hauptsächlich aus unseren falschen Wahrnehmungen. Wir wollen uns die Zeit nehmen, einen tiefen Blick
in die Art unserer Wahrnehmungen zu tun, so dass wir
nicht in ihnen gefangen sind, denn auf unseren Wahrnehmungen bauen sich unsere Gefühle und unser Kummer auf.

Im Alltag sind wir selten frei von Gefühlen, Vorstellungen und Gedanken. Wir sind nur selten wahrhaft wir
selbst. Oft sind wir Opfer unserer Gefühle und Wahrnehmungen und schwimmen wie ein Blatt auf dem
Ozean, das von den Wellen hin und her gewirbelt wird.
Wir sind nicht Herr unserer Lage. Darum ist es so wichtig, zu uns selbst zurückzukehren und sich nicht mehr
von äußeren Umständen regieren zu lassen. Darin besteht die grundlegende Friedenspraxis. Wenn wir in unserem Körper, in unseren Emotionen und unseren
Wahrnehmungen Frieden finden, können wir auch anderen Menschen helfen, Frieden zu finden. Wir müssen
aber bei uns selbst anfangen. Wer keinen Frieden in sich
selbst gefunden hat, kann nicht zum Friedenswerkzeug

werden. Wenn Sie zum Friedenswerkzeug werden, werden Sie zum Werkzeug Gottes, Allahs, des Buddha und der eigentlichen Wirklichkeit. Das ist nicht schwer. Das können wir schaffen.

Zuflucht finden

Manchmal fühlen wir uns müde und ausgelaugt und wollen aufgeben – das Leben ist so schwer. Wir haben das Gefühl, nichts bewirken zu können. Wir wollen einen geschützten Ort finden und dort Zuflucht bei Gott, dem Buddha oder Allah suchen. Stellen Sie sich einmal eine Welle vor, die müde geworden ist vom ständigen Sichtürmen und Sichüberschlagen und die eine Zuflucht sucht. Diese Zuflucht gibt es für die Welle – das Wasser. Wenn die Welle erkennt, dass sie Wasser ist und Zuflucht in ihm sucht, fürchtet sie das Sichtürmen und Sichüberschlagen nicht mehr. Es ist wichtig, dass sie weiß, dass sie selbst das Wasser ist und es nicht außerhalb ihrer selbst sucht.

Auch Sie sind vielleicht eine solche Welle, vom Heben und Senken, vom Geborenwerden und Sterben müde geworden. Sie sehnen sich nach etwas Festem, Dauerndem, das Ihnen Sicherheit gibt und zu dem Sie Zuflucht nehmen können. Als Welle brauchen Sie nach dem Wasser nicht zu suchen, denn Sie sind das Wasser im Hier und Jetzt. Gott existiert nicht außerhalb von uns. Unsere letzte Zuflucht liegt nicht außerhalb unserer selbst. »Ich ruhe in Gottes Hand« bedeutet: »Ich nehme Zuflucht in der transzendentalen Dimension.« Diese transzendentale Dimension können wir Buddhaschaft, Gott oder Allah nennen – es ist immer dasselbe gemeint.

Wer in Gott ruht, muss sich nicht beeilen, er kehrt zu sich selbst heim wie die Welle im Wasser. Wenn die Welle fortwährend sucht, findet sie das Wasser nie. Sie kann es nur finden, wenn sie zu sich selbst heimkehrt. Wenn sie begreift, dass sie selbst das Wasser ist, findet sie Frieden, und auch wenn sie weiterhin steigt und fällt, ist der Friede in sie eingekehrt. Das können wir praktizieren: Gott besteht nicht als getrennte, objektive Instanz, sondern als Grundlage unseres Seins.

Viele von uns sind darin befangen, ihre Zuflucht in einem Begriff zu suchen. Wir glauben, wir nehmen unsere Zuflucht im Buddha, doch wir wenden uns an den Begriff Buddha. Wir glauben, wir nehmen Zuflucht zu Allah, aber Allah ist nur ein Begriff, den wir im Kopf haben. Darum sollten wir im gegenwärtigen Augenblick Zuflucht nehmen, im Einatmen, im Ausatmen, in unseren Schritten. Das sind viel konkretere Schritte des Zufluchtnehmens. Beim Einatmen werde ich eins mit meinem Atemzug, ich vertraue ihm, und zusammen mit ihm werde ich Ruhe. Beim Ausatmen werde ich der ausströmende Atemzug, vertraue mich meinem Atem an und schließe meinen Frieden mit ihm.

Achtsames Gehen[1]

In Plum Village ist beim Gehen jeder Schritt ein Zufluchtnehmen, durch das wir in Verbindung mit der transzendentalen Dimension treten. Wir machen einen Schritt und nehmen gänzlich in ihm Zuflucht. In diesem Augenblick zeigt sich uns die transzendentale Dimension. Um in sei-

---

1 Vgl. dazu auch S. 148 ff.

nen Schritten Zuflucht zu nehmen, muss man seinen Körper und seinen Geist zu hundert Prozent einbringen.

Im Alltag haben wir die Gewohnheit, zu hetzen. Auf unserer Suche nach Frieden, Erfolg, Liebe, Gott sind wir ständig in Eile und unsere Schritte tragen uns vom gegenwärtigen Augenblick fort. Frieden ist aber nur im gegenwärtigen Moment erlebbar. Einen Schritt tun und in ihm Zuflucht suchen heißt aufhören zu hetzen. Das ist für diejenigen unter uns, die ständig in Eile sind, ein völlig neues Erlebnis. Es sind ganz einfache Dinge, aber wir haben nicht die Zeit, sie wahrzunehmen. Die Vergangenheit ist schon vorbei, die Zukunft noch nicht da, und nur in einem Augenblick können wir wirklich leben – im gegenwärtigen. Unser Einatmen und unsere Schritte führen uns zurück zum gegenwärtigen Augenblick. Nur durch sie können wir dorthin zurückkehren, das Leben berühren und ihm in all seiner Tiefe begegnen.

Ich bin angekommen

Stellen Sie sich vor, Sie sind in einem Flugzeug nach New York. Sie lassen sich auf Ihrem Sitz nieder und denken: »Jetzt kann ich hier erst einmal zehn Stunden sitzen, bis ich ankomme.« Im Flugzeug denken Sie nur an New York und können die Zeit, die Ihnen gegeben ist, nicht erleben. Sie können aber auch so ins Flugzeug hineingehen, dass Sie jeden Schritt genießen. Um ruhig zu sein und Freude zu empfinden, müssen Sie nicht erst in New York ankommen. Jeder Schritt, den Sie ins Flugzeug tun, bringt Ihnen Freude, und in jedem Augenblick kommen Sie an. Ankommen heißt an einem Ort eintreffen. Wenn Sie Gehmeditation üben, kommen Sie in jedem Augenblick an Ihrem Bestimmungsort, dem Leben, an. Der gegenwärtige Augenblick ist Ihr Bestimmungsort. Ich atme ein und mache einen Schritt und noch einen. Ich sage mir: »Ich bin angekommen, ich bin angekommen!«

»Ich bin angekommen« – das praktizieren wir in Plum Village. Beim Einatmen kann man zu dem einströmenden Atem Zuflucht nehmen und sagen: »Ich bin angekommen.« Das sagen Sie weder zu sich selbst noch zu jemand anderem. »Ich bin angekommen« heißt, dass ich aufgehört habe zu hasten und in der Gegenwart angekommen bin, denn nur die Gegenwart enthält das Leben. Wenn ich einen Schritt mache und meine ganze Zuflucht in ihm nehme, berühre ich auch das Leben in seiner Tiefe, und indem ich das tue, höre ich auf zu hasten. Die Eile aufzugeben ist eine ganz wichtige Übung. Wir haben uns unser ganzes Leben lang abgehetzt. Wir glauben, dass Ruhe, Freude und Erfolg an einem anderen Ort und zu einer anderen Zeit gegenwärtig sind. Es ist uns nicht klar, dass wir nach allem – Ruhe, Freude und Stabilität – im Hier und Jetzt suchen müssen. Hier spielt sich alles Leben ab – an der Schnittstelle des Hier und Jetzt.

Wir tragen Samen von Frieden und Freude in uns. Wenn wir im einströmenden Atem und in unseren Schritten Zuflucht zu nehmen wissen, dann können wir mit den Samen des Friedens und der Freude in uns in Berührung treten und sie zu unserem Vergnügen hervortreten lassen. Statt Zuflucht in abstrakten Begriffen wie Gott, Buddha oder Allah zu suchen, nehmen wir Zuflucht zur Realität des Wesentlichen. Gott lässt sich im einströmenden Atem und in unseren Schritten fassen. Jeden Augenblick unseres Alltags genießen wir aus tiefstem

Herzen, indem wir uns darin üben, mit der transzendentalen Dimension in Verbindung zu treten.

Das klingt ganz leicht, und jeder kann dies tun, und doch will es geübt sein. Ganz wichtig ist, dass man sich angewöhnt, innezuhalten. Wie können wir innehalten? Mit Hilfe des ein- und ausströmenden Atems und unserer Schritte. Darum ist die Grundlage unserer Praxis das achtsame Atmen und das achtsame Gehen. Wer diese Praxis beherrscht, kann zum achtsamen Essen und Trinken, zum achtsamen Kochen und Autofahren übergehen und jederzeit seinen Frieden finden. Sonst geht es uns wie jenem Lehrer und seinen Schülern, die immer nur in Eile waren, bis sie den Leichenzug sahen und begriffen, dass dies das allerletzte Picknick war. Wir wollen unser Picknick hier und jetzt genießen, und das können wir auch. Wenn Sie glauben, es sei schwer, einen Atemzug oder einen Schritt voller Achtsamkeit zu tun, dann irren Sie sich. Das ist ein ganz großer Genuss. Sie können Frieden in sich finden und Spannungen und Konflikte in Ihrem Körper, Ihrem Gefühlsleben und Ihren Wahrnehmungen loslassen.

Wenn man eine Gemeinschaft hat, mit der man praktizieren kann, fällt das leichter. Zu Ihrer Linken ist ein Freund, der weiß, wie man ein- und ausatmet und den gegenwärtigen Augenblick beim Schopf packt. Zu Ihrer Rechten ist ein anderer Freund, der weiß, wie man einen Schritt tut und ruhig und freudig im Augenblick verweilt. Hinter Ihnen ist eine Schwester und vor Ihnen ein Bruder, die das Gleiche zu tun verstehen. Sie sind von Menschen umgeben, die sich auf die Kunst des Lebens im Augenblick verstehen, auf die Kunst des Innehaltens. Sie können den Samen des Friedens und der Freude

berühren, den wir alle in uns tragen, und werden zum
Werkzeug des Friedens für die Menschen um uns.

»Ich bin angekommen« ist eine Übung, keine Feststel-
lung oder Erklärung. Ich bin im Hier und Jetzt angekommen und kann das Leben in seiner Tiefe mit all seinen
Wundern berühren. Der Regen ist ein Wunder, die
Sonne ist ein Wunder, die Bäume sind ein Wunder, die
Gesichter von Kindern sind Wunder. Es gibt so viele
Wunder des Lebens um uns und in uns. Unsere Augen
sind ein Wunder – wir brauchen sie nur zu öffnen und
sehen vielerlei Farben und Formen. Unser Herz ist ein
Wunder – wenn es aufhört zu schlagen, kann nichts
weitergehen.

Wenn wir zum gegenwärtigen Augenblick zurückkehren, kommen wir mit den Wundern des Lebens in uns
und um uns in Berührung. Wir freuen uns an ihnen und
brauchen auf Frieden und Freude nicht erst bis morgen
zu warten. Wenn Sie einatmen, sagen Sie: »Ich bin angekommen«, und Sie werden spüren, ob Sie angekommen sind oder womöglich immer noch weiter hasten.
Selbst beim Stillsitzen kann man im Geiste immer noch
weiterjagen. Wenn Sie fühlen, dass sie angekommen
sind, breitet sich Freude in Ihnen aus, und Sie sagen zu
ihrem Freund: »Du, ich bin tatsächlich angekommen!«
Was für eine gute Nachricht!

Wenn Sie einen Schritt tun, ist es wunderbar, jeden Augenblick ankommen zu können. Darum sprechen wir
beim Gehen auch nicht. Wie könnten wir ankommen,
wenn wir mit Reden beschäftigt sind? Wenn wir etwas zu
sagen haben, können wir ja stehen bleiben und es aussprechen. Wir tun jedes Ding zu seiner Zeit. Wenn wir

fertig mit dem Reden oder Zuhören sind, setzen wir unseren Gang fort und freuen uns an jedem Schritt. Wer so gehen kann, befindet sich immer im Reich Gottes, in der Gegenwart Allahs, im Reinen Land des Buddha, genau wie sich die Welle immer im Reich des Wassers befindet.

Ich gehe täglich mit Freude im Reich Gottes umher. Das kann ich sofort tun und brauche nicht erst darauf zu hoffen. Warum sollte ich auf diese Freude verzichten, die doch Heilung und Nahrung bringt? Auch meine Freunde können diese Freude mit mir teilen, wenn ihnen daran liegt. Wenn alles, was Sie vom Leben erwarten, ein Diplom oder ein üppiges Gehalt ist, dann kann das dauern, aber wenn Sie mit Genuss im Reich Gottes umhergehen wollen, können Sie dies auf der Stelle tun – solange Sie in den gegenwärtigen Augenblick einkehren können.

Wenn Sie einatmen, können Sie sagen: »Ich bin angekommen.« Wenn Sie ausatmen, können Sie sagen: »Ich bin zu Hause.« Unser wahres Zuhause ist das Hier und Jetzt. Nur im Hier und Jetzt liegt unsere wirkliche Zuflucht. In der Gegenwart können wir mit unseren Vorfahren, Gott, unseren Kindern und Enkeln in Verbindung treten. Sie sind schon in der Gegenwart bei uns. Das ist Ihr wahres Zuhause. Wenn Sie fühlen, dass Sie zu Hause sind, brauchen Sie nicht mehr zu hasten, und Ihr Üben war von Erfolg gekrönt. Wenn Sie aber weiterhin das Gefühl haben, hetzen zu müssen, dann sind Sie noch nicht zu Hause angekommen. Ihr Zuhause liegt nicht nur im Nahen Osten, in England, Amerika oder Deutschland – Ihr Zuhause ist hier, hier im Leben. Alle Wunder sind im Hier und Jetzt vorhanden, und daraus erwachsen Ihnen viel Freude, Ruhe und Glück.

Die fünf Reiche des Friedens

Wir tragen unser eigenes Friedensgebiet in uns, und das besteht aus fünf Reichen: dem Körper, den Gefühlen, den Wahrnehmungen, den Geistesformationen und dem Bewusstsein. Wir müssen Frieden in unseren Körper tragen und Konflikte, Spannung und Schmerz aus ihm entfernen. Auch im Bereich unserer Gefühle gibt es viele Stürme, Anfechtungen und Schmerz. Wir müssen lernen, wie wir in den Bereich unserer Gefühle Frieden bringen können.

Wenn ich auf meinen Füller schaue, habe ich eine Wahrnehmung von ihm. Ob diese Wahrnehmung auch der Realität des Füllers entspricht oder nicht, ist eine berechtigte Frage, denn wir leben ja mit vielen falschen Wahrnehmungen. Wir glauben, dass wir die Einzigen sind, die leiden und dass die andere Seite überhaupt nicht leidet. Das ist eine Art der falschen Wahrnehmung. Wenn wir die Zeit haben, ein- und auszuatmen und Frieden in uns selbst finden, dann können wir erkennen, dass andere Menschen ebenso leiden wie wir, und dass es gilt, ihnen zu helfen, nicht sie zu bestrafen. Wenn unsere Wahrnehmungen aus Zorn und Angst heraus entstehen, kann man sie nicht als richtige Wahrnehmungen bezeichnen. Unsere falschen Wahrnehmungen aber lassen ihrerseits Furcht, Zorn und Verzweiflung entstehen. Diese wiederum bringen uns dazu, gewalttätig zu werden, zu strafen und zu töten. Darum ist das Üben von Sitz- und Gehmeditation von großer Bedeutung, damit wir Frieden in das Reich unserer Wahrnehmungen bringen und Elemente falscher Wahrnehmung entfernen können.

Das vierte Reich ist das der Geistesformationen oder geistigen Gebilde, *cittasamskara*. Ein Gebilde (samskara) entsteht, wenn viele Bedingungen gleichzeitig eintreten. Eine Blume ist ein Gebilde der physischen Welt – Regen, Sonne, Erde, Zeit und Raum kommen zusammen, damit die Blume erscheinen kann. Alles können wir als Gebilde betrachten. Unser Körper ist ein physiologisches Gebilde. Allen Gestalten ist gemeinsam, dass sie unbeständig und in fortwährendem Wandel begriffen sind. Unsere Furcht, unsere Angst, unser diskriminierendes Verhalten, unsere Hoffnung, unsere Freude und unsere Achtsamkeit sind alles geistige Gebilde. Wenn wir unseren Geist betrachten, betrachten wir keinen klaren, leeren Raum, sondern unsere geistigen Gebilde.

Schließlich gibt es das Reich des Bewusstseins. Wir müssen in unser Bewusstsein einkehren, denn in ihm liegt die Grundlage für alles andere. Unser Körper, unsere Gefühle, unsere Wahrnehmungen und unsere Geistesformationen entspringen alle dem Boden unseres Bewusstseins. Es ist nicht nur so, dass der Körper das Bewusstsein enthält, sondern umgekehrt enthält unser Bewusstsein auch den Körper.

Ich bin gefestigt, ich bin frei

Was bedeutet es, gefestigt zu sein? Es bedeutet, fest in der Gegenwart zu bleiben. Wir lassen uns nur allzu leicht in die Vergangenheit zurückzerren. Wir bedauern etwas oder haben Schuldgefühle und verlieren uns darin. Wir sind nicht fähig, im gegenwärtigen Augenblick zu leben, weil die Vergangenheit zu einem Gespenst geworden ist, das uns mit sich zieht. Es gibt Menschen unter uns, die ausschließlich an die Vergangenheit denken und unfähig sind, das Leben in der Gegenwart zu genießen. Diese Menschen sind nicht frei und gefestigt.

Es gibt auch diejenigen unter uns, die in Sorgen, Angst und Ungewissheit über die Zukunft gefangen sind. Diese Sorgen und Ängste machen es uns unmöglich, im Augenblick zu leben und das Leben zu berühren. Wenn Sie sagen: »Ich bin angekommen, ich bin zu Hause«, »Ihr könnt mir nichts anhaben, denn ich bin im Hier und Jetzt« oder »Ich bin mein eigener Herr«, dann werden Sie gefestigt. »Ich bin gefestigt« hat nichts mit Wunschdenken zu tun. Wenn Sie ankommen und sich zu Hause fühlen können, werden Sie auf natürliche Weise gefestigt. Es ist die Erkenntnis, dass Sie hier und jetzt und damit zu Hause sind. Das ist nicht mehr nur eine Hoffnung, es ist Wirklichkeit, und es wird Ihnen bewusst, dass Sie gefestigter sind. Wenn Sie drei Minuten mit Gehen und Ankommen verbringen und sich dabei in jedem Augenblick zu Hause fühlen, dann wird die Festigkeit eine Realität, eine Tatsache. Sie wissen genau, ob Sie gefestigt sind oder nicht. Wenn Sie sich gänzlich im Hier und Jetzt niedergelassen haben, dann sind Sie gefestigt. Weder Vergangenheit noch Zukunft können Ihnen etwas anhaben. Sie sind frei. Darum sagen wir: »Ich bin gefestigt, ich bin frei.«

Frei wovon? Ich bin frei von der Vergangenheit, von meinen Sorgen, von meinen Ängsten. Darum sind Festigkeit und Freiheit nicht zweierlei. Wenn Sie gefestigt sind, sind Sie frei, und wenn Sie frei sind, sind Sie gefestigt. Damit verhält es sich wie mit dem Hier und Jetzt. Festigkeit und Freiheit sind die Grundlage Ihres Friedens und Ihres Glücks. Jeder achtsame Schritt hilft uns, mehr

Festigkeit und Freiheit wachsen zu lassen. Seien Sie Sie selbst, frei, verwurzelt im Hier und Jetzt. Berühren Sie das Leben in seiner Tiefe, und Sie werden die Nahrung und den Frieden erhalten, die Sie so dringend brauchen.

Die Welle ruht nun im Wasser. Sie ruhen in der transzendentalen Dimension, in Allah, in Gott, in Ihrer Buddhaschaft. So erkennen Sie, dass Sie im Hier und Jetzt mit der letztendlichen Dimension in Verbindung treten. Es ist keine Frage der Zeit. Die transzendentale Dimension steht im Hier und Jetzt zur Verfügung. Das Wasser ist unmittelbar für die Welle da, hier und jetzt. Die transzendentale Dimension ist der Grund, auf dem Sie stehen. Indem Sie auf diese Weise gehen und atmen, sind Sie immer in Kontakt mit Gott – nicht als Begriff oder Idee, sondern als Realität. Sie können Gott berühren, indem Sie eine Blume oder die Luft berühren oder einen anderen Menschen anfassen. Außerhalb davon gibt es keinen Gott. Wenn man alle Wellen wegnimmt, bleibt kein Wasser übrig. Die Wunder des Lebens in sich und um sich berühren heißt die letztendliche Dimension berühren.

Genießen Sie Ihr Frühstück![2]

Genießen Sie die Gegenwart – etwa, wenn Sie sich eine Tasse Tee machen! Nehmen Sie die Tasse achtsam in die Hand und lächeln Sie dabei. Das können Sie nicht, wenn Sie den Kopf voller Gedanken haben. Nur wenn Sie nicht denken, können Sie die Tasse achtsam in die Hand nehmen. Sie denken an nichts. Es ist Ihnen nur bewusst, dass Sie die Tasse in die Hand nehmen, und

2 Vgl. dazu auch S. 154 ff.

Sie versenken sich ganz in die Handlung, einen Teebeutel in die Tasse zu tun. Denken Sie nicht an Vergangenheit und Zukunft. Genießen Sie es, die Tasse in die Hand
zu nehmen und den Teebeutel hineinzuhängen. Lächeln
Sie sie an. Sie sind mit den Wundern des Lebens in Berührung. Bleiben Sie dabei und rennen Sie dem Leben
nicht nach. Nehmen Sie die Tasse mit Ihrem ganzen Leib
und Ihrer ganzen Seele in die Hand.

Als sechzehnjähriger Novize habe ich von meinem Lehrer gelernt, wie man Räucherstäbchen anzündet. Er sagte:
»Mein Kind, atme ein, nimm das Räucherstäbchen und
schau es an: Da ist ein Räucherstäbchen. Lege deine
linke Hand auf die rechte, während du es hältst, und
zünde es dann an. Hundert Prozent deines Körpers sind
mit diesem Vorgang des Räucherstäbchenanzündens
beschäftigt. Wenn du das Räucherstäbchen in den Hal-
ter steckst, so tue dies auf die gleiche Weise, mit deinem
ganzen Körper und Geist. Beim ganzen Vorgang des
Anzündens und Darbringens des Räucherstäbchens bist
du achtsam und konzentriert.«

Achtsamkeit ist eine Art der Energie, die ins Reich der
Geistesformationen gehört. Sie ist eine gute und sehr
wichtige Form der Geistesformation. Wenn Sie einatmen,
wissen Sie, dass Sie einatmen, und Sie versenken sich
ganz in dieses Atmen. Das nennt man die Achtsamkeit
des Atmens. Ihr Einatmen wird zum einzigen Gegenstand, mit dem sich Ihr Geist beschäftigt. Beim Einatmen denken Sie überhaupt nichts. Sie *sind* einfach das
Einatmen, und zwar zu hundert Prozent.

Wenn Sie gehen, wenn Sie bewusst einen Schritt machen und jeden Schritt bewusst wahrnehmen, nennt

man das die Achtsamkeit des Gehens. Wenn Sie beim Teetrinken hundertprozentig bei Ihrem Tee bleiben und sich nicht von der Vergangenheit, der Zukunft oder Ihren Gedanken wegzerren lassen, dann praktizieren Sie die Achtsamkeit des Teetrinkens. Achtsamkeit ist die Energie, die Ihnen hilft, das Geschehen hier und jetzt zu erfassen, den Augenblick als Ihr wahres Zuhause zu erkennen und die Wunder des Lebens wahrzunehmen. Beim Einatmen weiß ich, dass der Sonnenschein da ist. Beim Ausatmen weiß ich, dass die Herbstblätter fallen. Achtsamkeit ist die Energie, die uns hilft, uns das Geschehen bewusst zu machen.

In Frankreich gibt es eine Joghurtreklame, die lautet: *»Mangez-le tout doucement, pour que ça dure longtemps«* – »Essen Sie ihn mit Bedacht, damit Sie lange etwas davon haben.« Wenn Sie es eilig haben, ist ein Joghurt im Nu verschlungen. Wenn Sie ihn aber zu genießen wissen, löffeln Sie ihn ganz langsam und bleiben bei dem Joghurt. Genauso nehmen Sie sich Zeit, Ihren Tee zu genießen. Schauen Sie, ob es Ihnen gelingt, beim Teetrinken friedlich und vergnügt zu sein. Nehmen Sie sich für heute Folgendes vor: Bringen Sie Ihre ganze Achtsamkeit mit und bleiben Sie ganz und gar beim Tee – von dem Augenblick, in dem Sie ihn zubereiten, bis zum letzten Tropfen, den Sie trinken. Nehmen Sie sich genügend Zeit, um den Tee voll Entspannung und Ruhe trinken zu können. Lassen Sie Sorge, Angst und Verzweiflung außen vor. Die Möglichkeit, eine Tasse Tee zu trinken, ist ein Geschenk. Warum soll man das durch Angst und Unsicherheit verderben? Wenn es Ihnen gelingt, so Ihre Tasse Tee zu trinken, ist das ein Sieg des Friedens – des Friedens für Sie, für uns, für Ihr Land und die Welt.

Wenn ich achtsam von hier nach dort gehe, freue ich mich am Einatmen, am Ausatmen und an meinen Schritten. Wer achtsam und konzentriert ist, kann jeden Augenblick in seinem Tagesablauf genießen. Wenn Sie konzentriert sind, versenken Sie sich tief in das Vorhandene. Wenn Sie eine Blume voll Achtsamkeit und Konzentration betrachten, geraten Sie in eine innige Berührung mit ihr, einem Wunder des Lebens. Wenn Sie Ihren Tee in der Hand halten und ihn voll Achtsamkeit und Konzentration genießen, geraten Sie in eine tiefe Berührung mit dem Tee und genießen den Frieden, die Freude und die Freiheit, die Ihnen durch das Teetrinken gegeben sind. Wir praktizieren die Freiheit. Wenn Ihnen Freiheit und Festigkeit durch Achtsamkeit und Konzentration zuwachsen, sind Frieden und Freude möglich.

Das Gleiche können Sie auch beim Frühstücken tun. Ihr Frühstück ist vielleicht keine großartige Mahlzeit, und doch kann es eine Mahlzeit voller Glück sein, wenn Sie sich genügend Zeit nehmen. Wenn Sie als freier Mensch dazusitzen wissen, dann sind die zwanzig oder dreißig Minuten des Frühstückens eine Zeit, in der Sie Frieden genießen können. Müssen Sie denn Ihr Frühstück mit Ängsten und Sorgen zubringen? Müssen Sie sich denn beeilen? Viele von uns frühstücken gar nicht richtig, bevor wir uns auf den Weg zur Arbeit machen. Wir lassen uns von den Sorgen darüber erfassen, was uns im Laufe des Tages noch bevorsteht. Wir sind gar nicht recht beim Frühstück, wir versenken uns nicht ins Frühstück. Bleiben Sie vom Anfang bis zum Ende beim Frühstück. Wenn Sie in völliger Freiheit am Tisch sitzen, dann ist das Frühstück eine Zeit, in der Sie leben, in der Sie glücklich und frei sind. Wenn es Ihnen gelingt, beim

35

Frühstück Freiheit und Ruhe zu erleben, dann wird es Ihnen auch zu anderen Zeiten gelingen.

Wenn Sie Mittag essen, genießen Sie jeden Bissen – ein Stück Möhre, eine Tomate, Tofu oder Brot sind Wunder des Lebens. Der ganze Kosmos hat daran mitgewirkt, dass dieses Essen vor Ihnen steht. Bleiben Sie bei dem Stück Brot und nehmen Sie Zuflucht zu ihm. Wenn Sie Ihr Brot voll Achtsamkeit und Konzentration essen, kommen Sie in Berührung mit Allah, mit Jesus, mit dem Buddha. Um den Buddha, Gott oder Allah zu finden, brauchen Sie sich nicht zu beeilen. Sie sind in Ihrem Brot. Wenn Sie sich in das Brot vertiefen, kommen Sie mit dem Wesentlichen in Berührung. Das Frühstück oder Mittagessen einzunehmen ist tiefe Friedenspraxis – der Friede und das Wesentliche sind nicht irgendwo außerhalb zu finden.

Der Friede liegt in jedem Augenblick

Ein Meditationssaal ist größer als das Zimmer, in dem Sie gerade sitzen. Dazu gehören auch die Luft und das Land draußen und auch Ihr Badezimmer. Vielleicht glauben Sie, das stille Örtchen sei nicht so heilig wie der Meditationssaal, aber da täuschen Sie sich. Im Geist des Zen ist es ebenso heilig wie der Meditationssaal oder der Buddhasaal. Darum stellen wir auch einen Blumentopf auf die Toilette, um deutlich zu machen, dass auch hier ein Ort der Andacht ist. Wenn Sie sich dort die Hände waschen, dann genießen Sie, wie das Wasser über Ihre Finger rinnt – darin liegt Gott, darin liegt Glück. Können Sie das Gefühl des Wassers genießen, dieses Wunders, das da zwischen Ihren Fingern hindurchrinnt? Wenn Sie sich voll Achtsamkeit und Konzentration im Hier und Jetzt befinden, dann können Sie dieses wunderbare Wasser auf Ihren Fingern mit seiner nährenden, heilenden Kraft spüren. Genießen Sie jede Sekunde und lächeln Sie dabei. Der Friede lässt sich im Hier und Jetzt finden. Auch die Zähne können Sie sich so putzen, dass Friede und Freude möglich werden. Nehmen Sie die Herausforderung an – können Sie dabei glücklich sein oder nicht? Nehmen Sie sich genug Zeit, um es zu genießen. Und genießen Sie auch das Wasserlassen. Wozu die Eile? Das Örtchen ist zum Genießen da.

Friede und Freude sollten in jedem Augenblick möglich sein. Bitte versuchen Sie es! Wenn wir als Gruppe miteinander gehen, macht uns die Energie der Achtsamkeit und der Konzentration Freude. Sollten wir uns in Gedanken verlieren und unsere Pläne, die Vergangenheit oder die Zukunft uns aus der Gegenwart entführen, dann bringt uns der feste Schritt eines Bruders zur Rechten oder einer Schwester zur Linken wieder ins Hier und Jetzt zurück, und wir können das achtsame Gehen wieder aufnehmen. Jeder Schritt, den wir so tun, wirkt heilend und nährend. Stellen Sie sich diese Praxis nicht als etwas Schwieriges vor. Sie kann angenehm sein und Freude machen. Wenn Sie beim Gehen, Sitzen oder Essen leiden, dann praktizieren Sie nicht richtig. Hinein ins Picknickvergnügen – jeder Augenblick will genossen sein!

Von Zeit zu Zeit lassen wir eine Glocke ertönen. Die Glocke ist die Stimme Gottes, des Buddha oder Allahs in uns, der uns in unsere wahre Heimat, das Hier und Jetzt, ruft. Auch wenn das Telefon klingelt, ist das die

Stimme Gottes, die uns in die Gegenwart zurückruft. Ob Sie in der Küche helfen oder im Gemüsegarten arbeiten, genießen Sie jeden Augenblick des Kochens oder der Gartenarbeit. Sie sind immer im Reich Gottes – verlassen Sie es nicht. Der Passierschein zum Reich Gottes liegt in der Achtsamkeit und Konzentration. Tragen Sie diesen Passierschein immer bei sich, und Sie können immer in diesem Reich bleiben und brauchen es nicht zu verlassen. Viel Vergnügen beim Picknick!

Erfahrungsberichte

Einander helfen, menschlich zu sein –
Gedanken eines Palästinensers zur Achtsamkeit

Ich hatte schon vorher Erfahrungen mit gemischten Gruppen aus Palästinensern und Israelis gesammelt, aber die Zeit in Plum Village war etwas ganz Besonderes für mich. Durch tiefes Zuhören kam ganz leise etwas in Gang, das es mir ermöglichte, mit dem Leiden und dem Schmerz jedes Einzelnen in Beziehung zu treten. Sorge macht mir nur, dass die Erfahrung, die ich hier gemacht habe, in dem Moment zu einem Traum verblassen wird, in dem ich auf einem israelischen Flughafen lande und wieder Erniedrigung und Missachtung erleben muss. Hier war ich zwei Wochen lang von Menschen umgeben, die Palästinensern mit Achtung begegnen und sie unterstützen. Es wäre schön, wenn wir das, was wir begonnen haben, in Israel fortsetzen und erweitern könnten. Zwei wichtige Dinge habe ich hier gelernt: Ich habe gelernt, in einem tieferen Sinn zuzuhören und dabei mein Gegenüber und seinen Standpunkt nicht abzulehnen, auch wenn es mir schwer fiel, den anderen anzuhören. Ich habe außerdem gelernt, gerade schwer zu verarbeitende Gefühle und Erfahrungen anderer Menschen ruhig und mit Achtung für mein Gegenüber mitzuteilen und so in den anderen den Wunsch zum Zuhören zu wecken. Wir haben nicht nach Lösungen, sondern nach Verständnis und Rückhalt gesucht.

Der Weg der Liebe –
ein Israeli berichtet

Wenn man täglich Terror, Gewalt und Ablehnung erlebt, ob als Palästinenser oder Israeli, dann ist es schwer, die liebevolle Seite in sich nicht zu verschütten und sein Herz zu öffnen. Es fällt schwer, sich nicht seelisch zu panzern, sondern anderen zu vergeben und sie um Vergebung zu bitten. Damit wir dies in unserem Leben fertig bringen, helfen wir uns alle gegenseitig. Über Jahre hinweg haben wir gelernt, das Gegenteil zu tun, eben nicht unsere Herzen zu öffnen. So ist es ein langwieriger, mühsamer Weg, aber jeder Augenblick unseres Lebens, ob ein schöner oder ein schwerer Moment, gewinnt jetzt an tieferer Bedeutung. Auch wenn wir alle viel Leid erleben, beginnen wir doch allmählich die wärmenden Strahlen der Dankbarkeit zu spüren.

Weil wir aus verschiedenen Gebieten kommen, ist es für uns schwierig, zusammenzukommen, und gemischte örtliche Gruppen sind noch nicht entstanden. Es ist nahezu unmöglich für Palästinenser aus dem Westjordanland, die nicht die israelische Staatsbürgerschaft haben, zu uns zu stoßen, wenn wir uns in Israel treffen. Wenn sie es endlich geschafft haben, die vielen Kontrollpunkte zu passieren, dann ist ihr Aufenthalt in Israel meist illegal, und sie können jederzeit festgenommen werden. Für die Juden in der Gruppe wäre es gefährlich und oft unmöglich, ins Westjordanland zu gehen. Gelegentliche Treffen zwischen Israelis und den Einwohnern des West-jordanlands sind wohl möglich, aber regelmäßige Treffen mit dem Ziel, eine gemischte Meditationsgruppe zu formen, ist unter diesen Umständen äußerst schwierig. Solche Hindernisse lassen sich nur mit großer Anstrengung aus dem Weg räumen.

Während der Dharma-Gespräche bemühen wir uns um eine Atmosphäre der Offenheit und der Unterstützung, in der es möglich ist, liebevolle Worte zu finden, uns gegenseitig nicht zu beschuldigen und einander voll tiefer Aufmerksamkeit zuzuhören. Die Teilnehmer bringen oft ihre Freude darüber zum Ausdruck, dass sie sich auf die Gruppe stützen können und dort herzlich aufgenommen werden. Sie tauschen ihre Alltagserfahrungen aus und sprechen über den Schmerz, den sie durch das tägliche Erleben von Gewalt erfahren. Sie verleihen auch ihrer Furcht vor der Gewalt Ausdruck, ihrer Furcht vor der Verzweiflung, der Furcht voreinander und der Furcht vor der Furcht selbst.

Kapitel 2
Die Saat des Friedens heranziehen

Ich habe nicht die Absicht, Ideen zu formulieren, die Sie schwarz auf weiß nach Hause tragen können. Vorstellungen vom Frieden kann niemand in einem anderen Menschen auslösen. Stattdessen möchte ich Ihnen Gelegenheit geben, die Saat für Frieden und Freude zu entdecken, die Sie alle bereits in sich tragen.

Wenn es regnet, dringt der Regen in den Boden ein, und wenn es genügend regnet, saugen sich die Samen im Boden voll und können nun keimen. Ebenso brauchen wir auch während eines Dharma-Vortrags nichts zu tun. Wir brauchen nicht zu versuchen, das Gesagte zu verstehen oder zu behalten. Wir lassen einfach den Regen in uns einströmen, und auf einmal stellen wir fest, dass die Saat des Verstehens, der Weisheit und der Liebe keimt. Die Saat des Friedens, der Freude, des Glücks und des Reiches Gottes ist schon da – in Ihrem Inneren, nicht außerhalb. Wenn Sie nach Gott suchen und ihn außerhalb zu finden glauben, finden Sie ihn nie. Das wäre so, als wollte die Welle das Wasser außerhalb ihrer selbst suchen – sie könnte es nicht finden. Sie muss in sich selbst einkehren, mit der starken Überzeugung, dass sie das Wasser in sich trägt. Dann gibt es eine Hoffnung auf den Frieden.

Wenn die Brüder und Schwestern in Plum Village rezitieren, richten sie ihre Worte nicht an jemanden außer-

41

halb ihrer selbst – den Buddha, einen Bodhisattva oder Gott. Ihr Rezitieren gleicht dem Regen, der die Saat des Verstehens und des Friedens aufgehen lässt. Wenn wir aufstehen und uns vor dem Altar verneigen, bedeutet das nicht, dass der Buddha oder Gott in dieser Richtung zu finden sind. Wenn wir uns verneigen, rühren wir an das Wesentliche in uns. Wir rühren an das Gute, Schöne und Wahre. Auf dem Altar steht zwar eine Buddha-Statue, aber das ist nur ein Steinblock, nicht der Buddha selbst. Die Fähigkeit, zu lieben und zu verstehen, die sich in jeder Zelle unseres Körpers findet – das ist der Buddha.

Die Kunst, allein zu leben

Das kostbarste Geschenk, das wir einem Menschen, den wir lieben, machen können, ist unsere Kraft des Verstehens und der Liebe. Ohne Verstehen und Liebe haben wir anderen Menschen und der Welt nichts anzubieten. Wie können wir Verstehen und Liebe pflegen? Dazu müssen wir allein sein. Allein sein bedeutet nicht, dass man sich von der Gesellschaft lossagen und in die Berge ziehen muss, um in einer Höhle zu leben. Allein leben bedeutet, dass man immer man selbst ist – dass man sich nicht verliert. Sie sind Ihr eigener Herr und kein Opfer.

Wenn Sie achtsames Gehen üben, konzentrieren Sie sich auf Ihre Schritte und Ihr Ein- und Ausatmen. Selbst wenn Sie mit zwei- oder dreihundert anderen Menschen gehen, sind Sie immer noch allein. In Ihnen herrschen Achtsamkeit und Konzentration, und jeder Atemzug und jeder Schritt nährt und bereichert Sie und gibt

Ihnen die Kraft des Verstehens und der Liebe. Wenn Sie nicht Sie selbst sind, können Sie nicht lieben und können auch nichts geben. Allein sein heißt bei sich selbst einkehren, sein eigener Herr sein und sich nicht einfach mitreißen lassen. Die Grundlage der Liebe ist Verstehen. Wer sich aber selbst nicht versteht, kann sich auch nicht lieben. Auch den Menschen, den man liebt, kann man nur lieben, wenn man ihn versteht.

Stellen Sie sich vor, Sie verstehen nicht, woran der Mensch, den Sie lieben, leidet, worin seine Schwierigkeiten liegen und wonach er strebt. Können Sie dann sagen, dass Sie ihn lieben und verstehen? Dazu müssen Sie erst Sie selbst sein, und wenn Sie den Anderen ansehen, dann begreifen Sie allmählich. Wie können Sie denn dem Anderen innig zuhören und in seine Tiefe schauen, wenn Sie nicht Sie selbst sind? Wenn Verständnis da ist, dann ist auch Liebe möglich. Liebe ist das Wasser, das der Quelle des Verstehens entspringt. Eine Beziehung kann nur dann eine Bedeutung haben, wenn beide Partner sie selbst sind. Wenn Sie und Ihr Gegenüber kein Verstehen, keine Liebe und keine Schönheit in sich tragen, können Sie einander nichts geben.

Wir reden gern – es ist ein Vergnügen; aber wer keine Achtsamkeit übt, kann von seinem Redefluss hinweggerissen werden. Dann haben Sie nicht viel zu geben, aber auch Ihr Gegenüber kann nicht viel geben. Wenn Sie etwas Kostbares in sich tragen, können Sie es anbieten und mit anderen teilen. Wenn Sie aber nur leere Ideen anbieten können, so ist das kein wirkliches Geschenk. Sie haben vielleicht zu allen möglichen Dingen eine Meinung, aber die braucht der andere Mensch nicht unbedingt. Er will sich von Ihnen verstanden wissen, er

43

braucht Ihre Liebe und Ihre Einsichten, nicht als Ideen, sondern als gelebtes Leben.

Wenn Sie Erkenntnis, Mitgefühl und Freude verkörpern, bekommt eine Beziehung Bedeutung. Wenn Sie die Kunst des Alleinlebens beherrschen, die darin besteht, man selbst zu sein und die Kraft des Friedens, des Verständnisses und des Mitgefühls jederzeit zu pflegen, dann gewinnt Ihre Beziehung an Tiefe. Das ist ganz einfach. Wenn Sie fünf oder zehn Minuten übrig haben, nutzen Sie sie, um innerlich reicher zu werden, um gefestigter, freier, verständnisvoller und mitfühlender zu werden. Wenn wir jemanden lieben, sind Freude, Verständnis und Mitgefühl die besten Geschenke, die wir dem geliebten Menschen machen können. Wollen Sie diese Dinge anbieten, dann pflegen Sie sie im Alleinleben.

Denken Sie an einen Baum, der seine Nahrung, Wasser und Mineralien, aus der Erde zieht. Mit allem, was er aufnimmt, nährt er die Zweige und Blätter und erschafft Blüten. Ein Baum kann der Welt so viele Dinge bieten. Wenn wir seine Wurzeln schädigen und er die Verbindung zur Erde verliert, bekommt er nicht die Nährstoffe, die er zur Bildung von Blüten und Früchten braucht. Jeder von uns gleicht einem Baum. Wenn wir nicht gelernt haben, in uns selbst einzukehren, völlig in der Gegenwart zu leben und uns nicht im tiefen Schauen und Zuhören üben, können wir nicht die Nahrung empfangen, die wir brauchen und können dem Menschen, den wir lieben, nicht viel geben.

Die Zeit, die wir miteinander verbringen, ist sehr kostbar. Wir wollen zum Werkzeug des Friedens werden – für uns selbst, für unsere Familie und für unsere Gesellschaft. Wenn wir aber nicht genügend gefestigt sind, dann können wir durchaus Retreats absolvieren, aber wir können die Praxis nicht zu Hause fortsetzen. Manche Dinge können wir allein nicht schaffen, die in einer Gemeinschaft, der Sangha, leicht zu bewältigen sind. Allein neigen wir zur Trägheit. Wir wissen zwar, wie wir sitzen sollen, wie man auf eine Glocke hört und wie man achtsames Gehen übt, aber wir praktizieren es einfach deshalb nicht, weil es um uns herum niemand tut. Darum ist das Vorhandensein einer Gemeinschaft ein echter Ansporn und eine große Hilfe.

Wie wir mit unseren Gefühlen gut umgehen können

Wir wissen, wie schön ein Morgen sein kann – die Hügel, der Nebel, der Sonnenaufgang. Wir wollen mit dieser Schönheit in Berührung kommen und sie in unser Herz einlassen. Wir wissen, dass sie uns nährt, aber manchmal steigt in uns eine Emotion oder eine Empfindung auf, die uns daran hindert, das Geschehen im Hier und Jetzt zu genießen. Während ein anderer Mensch in der Lage ist, die Berge, den wunderbaren Sonnenaufgang und die Schönheit der Natur Leib und Seele durchdringen zu lassen, stehen uns Sorgen, Angst und Zorn im Weg, und die Schönheit des Sonnenaufgangs kann nicht in uns einströmen. Unsere Gefühle hindern uns daran, in Berührung zu treten mit den Wundern des Lebens, mit dem Reich Gottes und dem Reinen Land des Buddha.

Was können wir in diesem Fall tun? Wir glauben, wir müssen die störende Emotion oder Empfindung loswerden, um wieder frei zu sein und uns vom schönen Son-

45

nenaufgang ganz einnehmen zu lassen. Unsere Furcht, unseren Zorn und unsere Sorgen betrachten wir als Feinde und glauben, ohne sie könnten wir frei sein. Wir sind überzeugt, dass diese Gefühle uns den Weg zu dem, was uns gut tut, versperren.

In solchen Augenblicken halten wir uns an das achtsame Atmen und erkennen unsere Schwierigkeiten an, sei es nun Ärger, Frustration oder Angst. Nehmen wir einmal an, wir sind voller Sorge und Angst. Nun praktizieren wir: »Beim Einatmen spüre ich die Besorgnis in mir. Beim Ausatmen lächle ich ihr zu.« Vielleicht neigen Sie dazu, sich Sorgen zu machen, auch wenn es gar keinen Anlass zur Sorge gibt. Jedes Mal, wenn Sie die Sorge in sich aufsteigen fühlen, wissen Sie, dass Glücklichsein nicht möglich ist. Am liebsten würden Sie die Sorge aus Ihren Gedanken verbannen und vertreiben, denn Sie wissen, dass sie Sie daran hindert, mit den Wundern des Lebens in Berührung zu treten und glücklich zu sein. So fangen Sie an, sich über Ihre Sorgen zu ärgern, Sie wollen sie los sein. Aber die Sorge gehört zu Ihnen, deshalb kommt sie in Ihnen auf, und Sie müssen lernen, ruhig und zartfühlend mit ihr umzugehen. Das gelingt Ihnen auch, wenn Sie die Energie der Achtsamkeit besitzen. Diese Energie der Achtsamkeit pflegen Sie durch achtsames Atmen und achtsames Gehen. Dann können Sie auch Ihre Sorge, Ihre Furcht und Ihren Zorn anerkennen und sie zärtlich umarmen.

Wenn Ihr Baby leidet und weint, wollen Sie es auch nicht bestrafen, denn Ihr Baby sind Sie. Mit Ihrer Furcht und Ihrem Zorn verhält es sich genau wie mit Ihrem Baby. Glauben Sie ja nicht, dass Sie sie so einfach aus dem Fenster werfen könnten! Tun Sie Ihrem Zorn, Ihrer

Angst und Ihren Sorgen keine Gewalt an. Sie anzuerkennen gehört zur Praxis. Üben Sie weiterhin achtsames Atmen und achtsames Gehen, und mit der dabei erzeugten Energie wird es Ihnen möglich, diese intensiven Gefühle anzuerkennen, ihnen ein Lächeln zu schenken und sie voll Zärtlichkeit anzunehmen. Das ist die Praxis der Gewaltlosigkeit gegenüber Ihrer Sorge, Ihrer Angst und Ihrem Zorn. Wenn Sie auf Ihren Zorn zornig werden, vervielfachen Sie ihn um das Zehnfache. Weise ist das nicht. Sie leiden ohnehin schon genug, und wenn Sie über Ihren Zorn zornig werden, leiden Sie noch mehr. Ein Baby ist auch recht unangenehm, wenn es schreit und strampelt, aber die Mutter nimmt es doch zärtlich auf und hält es in den Armen, und die Zärtlichkeit der Mutter durchströmt das Baby. Nach ein paar Minuten geht es dem Baby besser, und es hört möglicherweise auf zu schreien. Ohne die grundlegende Praxis des achtsamen Atmens und achtsamen Gehens lässt sich die Energie der Achtsamkeit einfach nicht erzeugen. Die Energie der Achtsamkeit aber ist es, die es Ihnen erlaubt, Ihren Schmerz und Ihre Sorgen anzuerkennen und sie zärtlich anzunehmen. Dann fühlen Sie eine gewisse Erleichterung – das Baby in Ihnen hört auf zu schreien. Nun können Sie den schönen Sonnenaufgang genießen und sich an den Wundern des Lebens in Ihnen und um Sie herum laben.

Ein Tropfen Wasser im Fluss

Manchmal will es uns nicht gelingen, allein zu praktizieren, weil wir noch Anfänger sind. Wir verfügen über eine gewisse Achtsamkeit und Konzentration, haben aber nicht die Kraft, unser Baby zu halten. Darum brauchen wir eine Gemeinschaft, mit der wir praktizieren können, die Sangha. Die Energie der Gruppe ist stark, und wenn Sie erst einmal wissen, wie Sie daran teilhaben können, werden Sie stark genug, Ihr Baby zu tragen und nicht von Leid überwältigt zu werden.

Bei der Sangha Zuflucht zu suchen, ist äußerst wichtig. Wenn Sie einen Stein in einen Fluss werfen, so klein er auch sein mag – er wird auf den Grund sinken. Wenn man aber ein Boot hat, kann man mehrere Steine darin über Wasser halten.

Genauso verhält es sich mit der Sangha. Wenn Sie allein sind, können Sie im Fluss des Leidens versinken, aber wenn Sie eine Gemeinschaft zum Praktizieren haben und Sie diese Gemeinschaft Ihren Schmerz und Ihre Sorge tragen lassen, schwimmen Sie und versinken nicht im Fluss des Leidens. Vielen von uns hat diese gesammelte Sangha-Energie geholfen. Wenn Sie erlebt haben, wie wertvoll die Sangha ist und wie wichtig sie für Ihre Praxis ist, werden Sie sich auch bemühen, zu Hause eine Gruppe zu bilden, die mit Ihnen praktiziert. Dies wird allen Mitgliedern zugute kommen. Die Gruppe ist Ihr Boot.

Wenn Sie in der Praxis geübt sind, können Sie in sich selbst Zuflucht suchen und zur Zuflucht für die Menschen, die Sie lieben und Ihre Familie werden. Wenn es Ihnen gelingt, Ihre Familie in eine Sangha zu verwandeln, können andere Menschen kommen und bei Ihrer Familie Zuflucht suchen. Schaffen Sie es, mehrere Familien zusammenzubringen, können Sie eine Sangha gründen. Verläuft die Praxis innerhalb Ihrer Gruppe gut, wird sie für viele Menschen eine Zuflucht. Ohne den Aufbau einer Sangha gibt es keine Hoffnung.

Innerhalb einer Sangha sind wir wie ein Wassertropfen in einem Fluss. Wir lassen uns von der Sangha halten und vorantreiben. Seien Sie nicht wie ein Öltropfen auf dem Fluss, der sich nicht mit den anderen Tropfen vermischt – das bringt Sie nicht weiter. Lassen Sie sich von der Sangha tragen, damit Ihr Schmerz, Ihre Sorgen und Ihr Leid anerkannt und umfasst werden. Sie müssen Vertrauen in die Sangha haben. Stellen Sie sich vor, Sie seien ein Wassertropfen, der zum Ozean gelangen möchte. Allein würden Sie unterwegs verdunsten. Lassen Sie sich aber von der Sangha umfangen und tragen, werden Sie dorthin gelangen. Nur wenn Sie ein einzelner Wassertropfen sind, müssen Sie leiden – denken Sie daran!

Manchmal haben wir das Gefühl, dass wir nicht mehr länger durchhalten können, dass wir zerbrechen, dass wir nur noch verzweifeln können. Da hilft es zu wissen, dass wir einen Freund haben. Wenn unser Freund jetzt bei uns wäre, neben uns säße, ginge es uns gut. Der Freund ist gefestigt und strahlt Freude aus, und säße er jetzt neben Ihnen, könnten Sie alles durchstehen. Nun ist der Freund aber weit weg, und ohne ihn sind Sie verloren. Sie wissen, dass Sie so nicht auf die Beine kommen. Wenn Ihnen so zumute ist, dann müssen Sie alles in Bewegung setzen, um zu diesem Menschen zu kommen. Lassen Sie alles stehen und liegen und gehen Sie zu ihm, denn Sie müssen Ihr Gleichgewicht wieder finden, und niemand in Ihrer Umgebung kann dieses Gleichgewicht wieder herstellen, das Sie brauchen, um mit Ihrer schwierigen Lage zurechtzukommen. Wenn Sie angekommen sind und neben diesem Menschen sitzen, dann können Sie es schaffen. Auf einmal können Sie durchatmen, gehen, Tee trinken, und Sie wissen, dass

49

Sie es schaffen. Sie wissen auch, dass Sie nicht die ganze Zeit dort bleiben können. Irgendwann müssen Sie sich auf den Weg nach Hause machen und Ihr Leben wieder anpacken.

Heben Sie diese Augenblicke mit Ihrem Freund gut auf und speichern Sie genügend Energie, damit Sie auch ohne ihn auskommen können. Im Sommer und im Herbst ist der Himmel klar, und die Sonne scheint. Sie wissen, dass der Winter hart werden wird und Sie Holz für den Ofen brauchen, um Ihr Haus zu wärmen. Wenn Sie mit dem Holzschlagen bis zum Winter warten, hat es keine Zeit zum Trocknen, bis Sie es verbrennen. Schlagen Sie also das Holz im Sommer und im Herbst, bringen Sie es nach Hause und stapeln es auf, damit es für den Winter bereitliegt. Wenn wir es im Beisein von Freunden nicht schaffen, wir selbst zu sein und die Energie der Achtsamkeit und der Konzentration zu schaffen, dann wird es schwer, wenn nicht gar unmöglich, dies zu tun, wenn wir allein sind.

Den Samen der Freude gezielt wässern

Wir können unseren Geist als aus zwei Schichten bestehend betrachten, so wie ein Haus einen Keller und einen Wohnraum hat. Die obere Schicht bezeichnen wir als Geistbewusstsein, die untere als Speicherbewusstsein. Zuweilen vergleichen wir das Speicherbewusstsein mit der Erde, dem Boden unseres Bewusstseins. Die Samen des Verstehens, der Liebe, der Freude und des Glücks sind dort neben der der Sorge, der Angst und der Verzweiflung verborgen. Wenn Sie einen Dharma-Vortrag hören, dann fällt er wie Regen auf den Boden des Speicherbewusstseins, durchtränkt den Samen der Freude, der dann austreibt und Blüten im Geistbewusstsein hervorbringt. Hören Sie Worte, die von Gewalt und Angst beherrscht sind, dann wird der Samen des Zorns in Ihnen gewässert, und er treibt aus und bringt eine Blüte des Zorns hervor. Es hängt von der Art des Regens ab, welcher der Samen sprießen wird. Im Speicherbewusstsein sprechen wir von Samen, im Geistbewusstsein von Geistesformationen.

Im Buddhismus kennen wir einundfünfzig Kategorien von Samen. Eine davon ist die Achtsamkeit. Wenn Sie achtsames Gehen, Sitzen, Trinken und Essen praktizieren, dann kräftigt sich der Same der Achtsamkeit immer mehr. Er wächst in Ihrem Speicherbewusstsein heran, und wenn er sprießen soll, geht das ganz leicht. Praktizieren Sie aber nicht, so bleibt er nur ein kleines Samenkorn.

Als Sie noch ein Säugling waren, war vielleicht auch der Same des Zorns ganz klein in Ihnen. Wenn Ihre Eltern sich aber nicht um Sie gekümmert haben, wenn Sie in einer Umgebung voller Zorn und Gewalt aufgewachsen sind, dann wächst die Saat des Zorns. Wenn Sie im Krieg aufwachsen, wachsen die Samen des Zorns und überwuchern auch den Wohnraum Ihres Geistes. Unser Glück und unser Leiden hängt ganz und gar von den Samen in uns ab. Menschen, die vor zehn Jahren weder Zorn noch Gewalt kannten, sind jetzt durchdrungen von Wut. Es gibt Wege, das Wässern der Saat des Zorns zu verhindern und auch Wege, die Samen der Achtsamkeit, der Freude und des Mitgefühls täglich zu wässern.

Wenn Sie eine Familie haben, so kommt diese Praxis ihr zugute. Sie können Ihr Familienleben so einrichten, dass sich dort eine Zelle des Praktizierens bildet. Sie wissen, wie Sie Ihrem Lebenspartner und Ihren Kindern dabei helfen können, nicht die Samen der Gewalt, des Zorns und der Angst zu wässern. Sie richten es so ein, dass die Samen der Freude, des Verstehens und des Mitgefühls mehrmals am Tage gewässert werden. Diese Praxis heißt »gezieltes Gießen«. Wir wässern nur die gute Saat und bemühen uns, der negativen kein Wasser zu geben.

Die Praxis des gezielten Gießens kann ganz schnell zu Ergebnissen führen. Eine Stunde der Praxis kann viel ausmachen. Der Mensch, den Sie lieben, trägt die Saat zu den verschiedensten Empfindungen in sich: Freude, Leid und Zorn. Wenn Sie den Zorn wässern, holen Sie binnen fünf Minuten das Schlimmste aus ihm heraus. Wissen Sie aber die Samen ihres Mitgefühls, der Freude und des Verstehens zu begießen, dann wird er oder sie schon nach zwanzig Minuten aufblühen wie eine Blume. Das wird die betreffende Person ebenso sehr genießen wie Sie. Wenn Sie die guten Samen in ihr erkennen und ihr sagen: »Ich finde dich wunderbar«, dann sprechen Sie nur die Wahrheit. Sie wässern ihr Selbstvertrauen, und damit entsteht eine Quelle zum Glücklichsein für Sie beide.

Verschönern Sie Ihren Garten

Der andere Mensch ist Ihr Garten, und Sie sind der Gärtner, der die Kunst des Blumengießens lernen kann. In jedem von uns sind Blumen verborgen, aber auch Unrat, und zu dem Unrat gehört Zorn, Angst, Diskriminierung und Eifersucht. Wenn Sie den Unrat begießen, dann wächst Unrat. Sie können aber stattdessen die

52

Blumen des Mitgefühls, des Verstehens und der Liebe
begießen – das liegt an Ihnen.

Genau genommen haben Sie sogar zwei Gärten, Ihren
eigenen und den des geliebten Menschen. Erst müssen
Sie sich um Ihren eigenen Garten kümmern und die Gar-
tenkunst erlernen. Wenn Sie nicht wissen, wie Sie Ihren
eigenen Garten gezielt gießen, dann reicht Ihre Weisheit
auch nicht aus, den Garten des anderen zu gießen. Indem Sie gute Arbeit im eigenen Garten leisten, helfen
Sie auch, den Garten des anderen zu pflegen. Schon eine
Woche Praxis kann viel ausmachen. Sie sind allemal klug
genug, diese Arbeit zu leisten. Sie müssen die Dinge in
die Hand nehmen und dürfen sie nicht außer Kontrolle
geraten lassen. Das schaffen Sie. Jedes Mal, wenn Sie
achtsames Gehen üben und Ihren Geist und Körper in
jeden Schritt hineingeben, nehmen Sie die Situation in
die Hand. Jedes Mal, wenn Sie einatmen und sich Ihren
Atem bewusst machen, jedes Mal, wenn Sie ausatmen
und Ihrem ausströmenden Atem zulächeln, sind Sie Sie
selbst und Ihr eigener Herr. Sie sind der Gärtner in Ihrem eigenen Garten. Wir verlassen uns darauf, dass Sie
Ihren Garten gut pflegen, damit Sie dem geliebten Menschen bei der Pflege seines Gartens helfen können.

Wenn Ihnen dies bei sich selbst und dem geliebten
Menschen gelingt, werden Sie beide eine Sangha, eine
Gemeinschaft von zwei Menschen, die nun einem Dritten Zuflucht geben kann. So wächst die Sangha. Zwischen Ihnen und Ihrem geliebten Menschen herrscht
gegenseitiges Verstehen. Ist dieses gegenseitige Verstehen vorhanden und ist auch die Verständigung gut, so
ist Glück möglich, und Sie beide können einer dritten
oder vierten Person Zuflucht bieten.

Wir können auch die Beziehungen betrachten, in denen
wir uns befinden. Ob Sie nun Lebenspartner, Vater und
Sohn oder Mutter und Tochter sind – falls Ihre Beziehung schwierig ist und Sie sich mit dem anderen Menschen versöhnen wollen, müssen Sie diesen Prozess
durchlaufen. Der Vater muss bei sich einkehren, und
wenn möglich sollte der Sohn dies auch tun. Vielleicht
ist der Sohn derjenige, der den Friedensprozess in
Gang bringt. Er weiß, dass er erst sich selbst helfen
muss, bevor er seinem Vater helfen kann. Er kehrt in
seinen Garten ein und pflegt die Blumen des Mitgefühls, des Verstehens und der Freude. Wenn ihm das
gelungen ist, tritt er seinem Vater offen und voll Mitgefühl gegenüber. Vorher hätte er seinem Vater nicht
helfen können, es wäre ihm unmöglich gewesen. Durch
seine eigene Wandlung aber ist er liebenswürdig und
fröhlich geworden und bringt viel Mitgefühl mit. Nun
weiß er, dass er dem Vater bei seiner Verwandlung
helfen kann.

Eine echte »Road Map« für den Frieden

Viele Menschen in der Welt sind besorgt über das an-
haltende Leid, das im Nahen Osten geschieht. Wenn es
Ihnen gelingt, eine Friedenskonferenz des Volkes zu organisieren, bietet Ihnen dies die ganz große Möglichkeit, dass Sie selbst ebenso wie die Gruppe, die auf der
anderen Seite steht und letztlich die ganze Welt lernen,
wie man Frieden schließen kann.

Der Friedensprozess, die »Road Map« für den Frieden,
geht nicht von Regierungen aus. Sie geht von Ihrem eigenen Herzen aus und vom Herzen des Menschen, den

Sie lieben, denn Sie beide können den Prozess dann immer mehr Menschen weitergeben. Wenn es in Ihrem Umfeld genügend Menschen gibt, die wissen, wie man mit Angst und Zorn gut umgeht und wie man innere Ruhe in sich selbst schaffen kann, können Sie eine Friedenskonferenz des Volkes einberufen. Dazu brauchen Sie die Regierung Ihres Landes nicht. Ihre Regierung hat in der Vergangenheit vieles unternommen, um Frieden zu schaffen, ohne jedoch Erfolg zu haben. Sie wissen nicht wirklich, wie der Friedensprozess abläuft und was der Weg des Friedens ist. Sie sprechen darüber in politischen Begriffen und verstehen es nicht, in Begriffen des Menschlichen zu denken.

Wenn zwei Krieg führende Parteien zu einer Friedenskonferenz zusammenkommen, sind beide Seiten voll von Verdächtigungen, Zorn und Misstrauen. Mit solchen Gefühlen im Herzen kann man nichts erreichen, denn es herrscht im Inneren kein Friede, auf dem sich der Friede mit der anderen Seite aufbauen ließe. Friedensunterhändler müssen schon etwas Frieden in sich tragen. Zumindest sollten sie wissen, wie sie ihren Zorn, ihre Angst und ihr Misstrauen beherrschen können.

Bei Friedensgesprächen werden meist viele Vorschläge unterbreitet, und es wird viel diskutiert. Eine wirkliche Friedenskonferenz sollte wie ein Retreat organisiert sein, und beiden Gruppen sollte Zeit gegeben werden, Ruhe zu finden und sich um ihre Gefühle, ihre Angst und ihr Misstrauen zu kümmern. Jede Seite sollte Zeit haben, ihren eigenen Garten zu pflegen. Einige von uns wissen, wie man hilft. Einige von uns aus dem Nahen Osten kennen die Praxis des Innehaltens, des Ruhig-

55

werdens und wissen, wie man zur Ruhe kommen und Gefühle von Angst und Zorn annehmen lernen kann. So können wir dem gegenseitigen Verstehen den Boden bereiten.

Wenn Sie einem geliebten Menschen helfen können, seinen Garten zu verschönern, dann wird gegenseitige Verständigung möglich. Gibt es genügend Menschen wie Sie, die sich darauf verstehen, ihren Garten zu pflegen, dann können Sie eine Friedenskonferenz in die Wege leiten. Die israelische Gruppe kann zwei Wochen miteinander praktizieren, bei sich einkehren und ihren eigenen Garten pflegen. Währenddessen tut die palästinensische Gruppe das Gleiche. Wir brauchen Menschen, die die Praxis des Innehaltens, des Umarmens und des Lächelns beherrschen, um Ruhe in unsere Emotionen, in unsere Furcht und unser Misstrauen zu bringen. So kann Verständigung möglich werden. Wenn Friedensverhandlungen scheitern, dann deshalb, weil die Menschen nicht hier ansetzen. Sie haben es eilig und wollen sofort über die strittigen Punkte diskutieren. Gegenseitiges Verstehen ist nicht möglich, wo viel Leid, Angst und Misstrauen auf beiden Seiten entstanden ist.

Sie haben die Möglichkeit, irgendwo im Nahen Osten, in Paris oder sogar in Plum Village eine Friedenskonferenz zu organisieren. Dazu können Sie die internationale Presse einladen. Sie praktizieren Frieden – Sie diskutieren ihn nicht – und stellen die Kommunikation mit der anderen Gruppe her. Das ist der Friedensprozess – die eigentliche Road Map. Das können Sie schaffen.

Tiefes Zuhören, liebevolle Rede[3]

Im vergangenen Jahr hatten wir bei einem Retreat in Oldenburg sechs Tage, um friedliche Kommunikation zu erlernen und zu praktizieren.

Am Anfang fiel es den Teilnehmern schwer, liebevolle Worte zu finden, denn sie waren voll Zorn. Väter und Söhne, Mütter und Töchter konnten einander nicht in die Augen sehen. Es war ihnen nicht möglich, liebevolle Worte zu finden und einander zuzuhören. Nach drei oder vier Tagen des Praktizierens hatten die Dharma-Vorträge die Saat des Mitgefühls und des Verstehens in ihnen gewässert. Wir sind alle in der Lage, zu erkennen, dass wir nicht die Einzigen sind, die leiden, dass der andere ebenso sehr leidet und wir Mitverantwortung für dieses Leid tragen. Wenn Ihnen dies klar wird, können Sie den anderen Menschen mit den Augen des Mitgefühls betrachten. »Ja, jetzt weiß ich, dass der andere auch sehr leidet, nicht nur ich. Ich habe ihm immer die Schuld für mein Leiden gegeben, aber jetzt ist mir klar, dass ich auch zum Teil für mein eigenes Leid verantwortlich bin und dem anderen ebenfalls Leid zugefügt habe.« In diesem Augenblick erwacht das Verständnis in Ihnen. Wenn Sie den anderen nun voll Verstehen und Mitgefühl anschauen, ändert sich die Situation. Auf einmal können Sie dem anderen teilnahmsvoll zuhören, und Verständigung ist möglich.

Am fünften Tag des Oldenburger Retreats erklärte ich, wie man eine Versöhnung mit einem geliebten Menschen zustande bringt, und ich sagte den Teilnehmern,

---

3 Vgl. dazu auch S. 160 ff.

dass sie bis Mitternacht Zeit hätten, diese Versöhnungsarbeit zu Ende zu führen. Diesen Dharma-Vortrag hielt
ich um neun Uhr morgens, und ich bat die Teilnehmer,
sich mit liebevollen Worten und mitfühlendem Zuhören
an die Versöhnungsarbeit zu machen. Dann hatten wir
einen Tag zum Praktizieren. Wenn der geliebte Mensch
auch am Retreat teilnahm, konnten sie zu ihm hingehen
und ihm intensiv zuhören und liebevolle Worte finden.
»Liebes, ich weiß, dass du jahrelang viel gelitten hast. Ich
habe dein Leid nicht lindern können, ja ich habe die
Dinge dadurch schlimmer gemacht, dass ich dir die
Schuld an meinem Leiden gegeben habe. Nun, da mir
klar geworden ist, dass ich zu deinem Leid beigetragen
habe, tut es mir Leid. Bitte gib mir die Gelegenheit, es
wieder gutzumachen. Ich möchte nicht, dass du leidest.
Ich möchte dich froh sehen. Sag mir, wo ich Fehler gemacht habe, damit ich sie nicht wiederhole. Ich kann
mich aber nur bessern, wenn du mir dabei hilfst. Bitte
hilf mir.« Viele Menschen auf dem Retreat konnten zum
ersten Mal so sprechen. Bis dahin war die Saat des Verstehens und des Mitgefühls in ihnen nicht gewässert
worden. Vier oder fünf Tage gezielten Wässerns können
eine Wende herbeiführen, und das geschah dann auch
am fünften Tag.

Am Morgen des sechsten Tages kamen vier Männer
zu mir und berichteten, dass sie am Abend zuvor mit
ihren Vätern telefoniert hatten und sich mit ihnen versöhnen konnten. Das war bemerkenswert, denn diese
Väter hatten nicht am Retreat teilgenommen und auch
nicht praktiziert. Nur eine Seite hatte praktiziert und
damit auch der anderen geholfen. Wenn Sie verwandelt sind und Verstehen und Mitgefühl in sich tragen,
können Sie auch einen anderen Menschen verwandeln.

An jenem Abend gelang es den betreffenden Teilnehmern, liebevolle Worte zu finden und die Türen zu den
Herzen ihrer Väter zu öffnen. Darüber waren sie sehr
glücklich.

Nehmen Sie einmal an, Sie sind kein Einzelner, sondern
eine Gruppe – eine Gruppe Palästinenser, die unbedingt
Frieden erreichen will. Sie sind jetzt mit dem eigentlichen Friedensprozess vertraut. Bei der Regierung können wir weder nach Gott noch nach Frieden suchen. Wir
müssen den Frieden in unseren Herzen suchen. Der
eigentliche Friedensprozess muss von uns ausgehen,
von unserer Gruppe und unserem Volk. Wir müssen
aufhören, die andere Seite zu beschuldigen, dass sie
keinen Frieden praktiziert. Wir müssen selbst Frieden
praktizieren, um der anderen Seite zu helfen, Frieden
zu schließen.

Nehmen wir an, die palästinensische Gruppe kennt den
Friedensprozess: Sie kommen zusammen und haben
keine Eile, über den Frieden zu diskutieren. Sie nehmen
sich Zeit, Frieden zu praktizieren, Frieden zu sein. Und
wenn Ihr Garten schön geworden ist, dann nähern Sie
sich der Gruppe der Israelis. Ist die israelische Gruppe
auch mit dem Friedensprozess vertraut, wird sie gleichzeitig auf Sie zugehen. Wenn dann die beiden Gruppen
als zwei schöne Gärten zusammenkommen, wird die
Verständigung leicht.

Ich glaube, in sechs Monaten oder einem Jahr könnte
Ihre Gruppe eine Volks-Friedenskonferenz organisieren.
Diese könnte an einem beliebigen Ort stattfinden, und
die ganze Welt könnte zusehen und zuhören, wie Sie
Frieden praktizieren. Viele von uns werden Sie an jedem

Ort bei einer solchen Volks-Friedenskonferenz unterstützen. Die ganze Welt, auch Ihre Regierungen, würde darauf aufmerksam werden.

Wenn Sie eine Friedenseinheit darstellen, wenn Sie der anderen Gruppe mit Ihrem ganzen Mitgefühl zuhören und sehen, dass das andere Volk ebenso leidet wie Ihr eigenes, dann wird Ihre Regierung auf Sie hören. Erwachsene wie Kinder leben in ständiger Furcht. Wenn Sie diese Menschen als leidende Opfer sehen können, wird der Nektar des Mitgefühls in Ihr Herz strömen, und Sie selbst werden weniger leiden. Jede Vereinbarung, die mit diesem konkreten Verstehen getroffen wird, wird zu einer realen Friedenslösung, ein Text, der von beiden Seiten mitgetragen wird. Bleiben aber Angst, Zorn und Misstrauen auf beiden Seiten unverändert, dann ist die Vereinbarung nur ein Stück Papier und kein wirklicher Frieden. Wo dagegen Mitgefühl und gegenseitiges Verstehen herrschen, braucht man nicht einmal ein Stück Papier.

Wir können nicht darauf warten, dass unsere Regierungen den Friedensprozess in Gang setzen. Sie brauchen noch viel Zeit und erreichen womöglich gar nichts. Wir müssen die Sache selbst in die Hand nehmen und durch unsere Praxis den Friedensprozess in Gang setzen.

Einen Liebesbrief schreiben

Wenn Sie im Alltag Schwierigkeiten mit jemandem haben, schreiben Sie vielleicht im stillen Kämmerlein einen Brief an den Betreffenden. Nehmen Sie sich drei Stunden, um einen Brief mit liebevollen Worten zu schreiben. Üben Sie sich beim Schreiben darin, Ihre Beziehung zu diesem Menschen eingehend zu betrachten. Warum hat die Verständigung Schwierigkeiten bereitet? Warum sind Sie nicht glücklich miteinander geworden? Sie könnten Ihren Brief etwa so beginnen: »Mein lieber Sohn, ich weiß, du hast in den vergangenen Jahren viel gelitten. Ich habe dir nicht helfen können – ja, ich habe die Dinge sogar verschlimmert. Ich verfüge vielleicht nicht über das nötige Geschick. Vielleicht habe ich allzu sehr versucht, dir meine Vorstellungen aufzudrängen und dir so Kummer gemacht. Ich dachte, du machtest mir Kummer und du seist die Ursache meines Leidens. Nun wird mir klar, dass ich für mein Leiden selbst verantwortlich bin und dass ich dir Kummer bereitet habe. Als dein Vater will ich das natürlich nicht. Hilf mir also bitte. Bitte sag mir, wo ich mich in der Vergangenheit nicht richtig verhalten habe, damit ich dir nicht weiterhin Kummer bereite. Wenn du leidest, leide ich nämlich auch. Ich brauche deine Hilfe, lieber Sohn. Eigentlich sollten Vater und Sohn sich gut verstehen, und das will ich auch erreichen. Bitte sage mir, was in deinem Herzen vorgeht, und ich verspreche dir, dass ich nichts tun oder sagen will, was dich betrübt. Du musst mir dabei helfen, sonst schaffe ich es nicht. Ich wollte dich immer strafen oder ich habe Dinge gesagt, die dir Kummer bereitet haben. Ich dachte, auf diese Art und Weise könnte ich mir Luft machen, aber ich habe mich geirrt. Jetzt ist mir klar, dass alles, was ich gesagt habe und was dir Kummer bereitet, auch mir Kummer bereitet. Ich habe mir fest vorgenommen, so etwas nicht mehr zu tun. Bitte hilf mir.«

Nehmen Sie sich drei Stunden oder auch einen ganzen Tag, um einen solchen Brief zu schreiben. Sie werden feststellen, dass Sie am Ende des Briefes nicht mehr derselbe Mensch sein werden wie zuvor. Frieden, Verstehen und Mitgefühl haben Sie verwandelt – ein Wunder, das in nur 24 Stunden geschehen ist. Das ist die Praxis des liebevollen Sprechens.

Die Kunst des tiefen Zuhörens

Die Praxis des eingehenden, mitfühlenden Zuhörens ist ganz entscheidend. Wenn Sie kein Mitgefühl haben, können Sie nicht zuhören, denn der andere Mensch sagt Dinge, die den Samen der Ungeduld und des Ärgers in Ihnen stärken. Da verlieren Sie möglicherweise Ihr Mitgefühl und können nicht mehr zuhören.

Wenn Sie gelernt haben, dem anderen Menschen eine Stunde lang eingehend und voll Mitgefühl zuzuhören, wird sein Leiden erheblich gelindert. Das Zuhören hat eine heilende und verwandelnde Wirkung. Das ist die Praxis des großen Bodhisattva Avalokiteshvara, der sich aufs Zuhören versteht.

Wenn Sie der Frau, die Sie lieben, voll Mitgefühl zuhören, lindern Sie dadurch ihr Leiden. Das fällt allerdings selbst einem Therapeuten manchmal schwer, und wenn die Frau nicht gelernt hat, auf sich selbst zu hören, dann weiß sie auch nicht, wie sie Ihnen zuhören soll. Sie müssen also, wenn Sie der geliebten Frau zuhören, gleichzeitig Therapeut und Bodhisattva sein. Zuerst müssen Sie anerkennen, dass sie gelitten hat, und dass Sie die Dinge schlimmer gemacht haben. Hören Sie ihr nun zu und schauen Sie sie voll Mitgefühl an. Bitten Sie sie, Ihnen ihr Herz auszuschütten.

Vielleicht ist sie noch nicht in der Lage, sich in liebevoller Sprache auszudrücken, und in ihren Worten liegen Bitterkeit, Vorwürfe und eine Verurteilung. Wenn Sie ein Bodhisattva sind, gelingt es Ihnen jedoch, weiterhin voll Mitgefühl zuzuhören. Hören Sie nur in der Absicht zu, ihr Leiden zu lindern. Dann können Sie auch noch zuhören, wenn ihre Rede voller Bitterkeit, Verurteilung und Anklage ist. Die Kraft des Mitgefühls schützt Sie. Die Worte der geliebten Frau können die Saat des Gereiztseins und der Wut nicht kräftigen, weil Sie Ihr Mitgefühl nähren und am Leben erhalten.

Mitgefühl ist Achtsamkeit. Wenn Sie dieses Gewahrsein aufrechterhalten können, sind Sie geschützt. Die Saat des Ärgers geht nicht auf, und Sie können eine Stunde lang zuhören, ohne von dem, was Ihre Partnerin sagt, getroffen zu werden. Sie wollen nichts richtigstellen, auch wenn in den Worten Ihrer Partnerin falsche Eindrücke und Vorwürfe zum Ausdruck kommen. Sie empfinden nur Mitgefühl. »Ach, sie ist so vielen falschen Eindrücken zum Opfer gefallen.« Dafür wollen Sie sie nicht strafen oder kritisieren, denn Sie haben Mitgefühl.

Sie wissen, dass Sie Ihrer Partnerin später helfen können, diese falschen Wahrnehmungen auszuräumen. Dazu ist später noch Zeit. Würden Sie die Dinge gleich richtigstellen wollen, würden Sie alles zerstören – also hören Sie zu und denken dabei: »Morgen oder übermorgen habe ich viel Zeit, ihr Dinge mitzuteilen, die ihre falsche Wahrnehmung korrigieren können.« Wenn Sie sich das vornehmen, können Sie sich mit der Richtigstellung Zeit lassen. Sie sind ganz ruhig und voller Mitgefühl. Das ist Frieden.

Wenn Sie ein paar Tage später das Gefühl haben, die Stimmung ist gut, fangen Sie an, ihr etwas zu sagen: »Liebes, das war eigentlich gar nicht so, das war anders.« Versuchen Sie nicht, alles auf einmal loszuwerden, sonst kann sie es nicht ertragen. Nach drei Tagen sagen Sie etwas; fünf oder sechs Tage später etwas mehr. So helfen Sie ihr, ihre Wahrnehmung zu korrigieren. Das ist ein Friedensprozess. Ob es sich um eine Beziehung zwischen Lebenspartnern, zwischen Vater und Sohn oder Mutter und Tochter handelt – es ist immer der gleiche Vorgang. Auch wenn sich das Problem schon über Jahre hingezogen hat, kann eine Woche genügen, um die Verständigung wiederherzustellen und die Qualität Ihres Verhältnisses zu verbessern, damit Sie und der Mensch, den Sie lieben, glücklich werden.

Wenn wir nun die Lage von zwei Krieg führenden Parteien betrachten, ist es genau der gleiche Vorgang. Ihre Gruppe, ob Israelis oder Palästinenser, kann damit anfangen, gemeinsam einen Brief zu verfassen und die gleiche Sprache verwenden: »Liebe Mitmenschen, wir wissen, was ihr in den vergangenen Jahren erlitten habt. Wir glaubten bisher, dass wir die Einzigen wären, die leiden, aber jetzt haben wir begriffen, dass ihr viel durchgemacht habt. Wir haben nicht dazu beigetragen, euer Leiden zu verringern, im Gegenteil, wir haben es vermehrt.« Das ist die Wahrheit. »Wir haben nicht die Absicht, eurer Gruppe Leid zuzufügen. Wir haben uns nicht sehr geschickt verhalten. Wir waren mit dem Friedensprozess nicht vertraut, und wir haben zornig und frustriert reagiert. Jedes Mal, wenn wir gelitten haben, wollten wir euch strafen, und darum haben wir die Lage verschlimmert. Jetzt glauben wir nicht mehr, dass Strafe irgendeinen Nutzen hat. Wir brauchen eure Hilfe. Wir wollen nicht so fortfahren wie bisher. Wir wollen euch die Möglichkeit geben, in Frieden und Freude zu leben, damit auch wir in Frieden und Freude leben können, denn euer Friede und euer Glück sind entscheidend für unseren Frieden und unser Glück. Wenn ihr kein gesichertes Leben habt, können auch wir kein gesichertes Leben haben. Darum müsst ihr uns helfen und wir euch. Lasst uns als Brüder und nicht als Gegner zusammenkommen. Bitte sprecht mit uns, und wir werden euch zuhören.«

Den Palästinensern und Israelis, die im Laufe der Jahre nach Plum Village kamen, wurde diese Praxis angeboten. In den ersten fünf oder sechs Tagen sagen wir kein Wort. Wir praktizieren nur achtsames Atmen, achtsames Gehen, erkennen die Furcht, den Zorn und das Leid in uns an und werden ruhig. Dann setzen wir uns hin, hören der anderen Gruppe zu und erkennen, dass auch sie viel gelitten hat. Nun können wir mit den Augen des Mitgefühls sehen, und wir hören eingehend zu und verwenden liebevolle Rede. Wenn die andere Gruppe an der Reihe ist, über ihr Leid und ihre Frustration zu sprechen, wird gegenseitiges Verstehen Wirklichkeit. Am letzten Tag kommen die beiden Gruppen zusammen und berichten der ganzen Sangha über ihre Praxis.

Sie sind intelligente Menschen. Sie müssen Ihre Intelligenz und Scharfsichtigkeit einsetzen, um mit sich und Ihrem geliebten Menschen Frieden zu schließen, damit Sie Frieden mit denjenigen machen können, die Ihre Feinde zu sein scheinen. Diese Menschen brauchen Sie ganz dringend, und auch Sie brauchen die anderen.

Erfahrungsberichte

Einen Raum in unserem Inneren schaffen –
ein Israeli findet einen Raum zum Träumen

Mir erschien die Möglichkeit, dass Juden und Araber in
Frieden auf demselben Gebiet, in demselben Land
gleichberechtigt und ohne Bedrohung leben könnten,
ein Traum in weiter Ferne. In der Zeit aber, die wir hier
miteinander verlebt haben, spürte ich, dass es kein
Traum ist. Das Hier und Jetzt unseres Treffens war die
Realität, die wir, Araber und Juden, miteinander teilten.
In diesem Augenblick fühlte ich, dass wir als Menschen
zusammen sein konnten, über alle religiösen und nationalen Abgrenzungen hinweg. Ich spürte, wie tief die
Praxis jeden Einzelnen von uns verwandelt hatte, wie
die gemeinsame Praxis des eingehenden Zuhörens, des
Aus-dem-Herzen-Sprechens, des achtsamen Gehens,
des achtsamen Essens und des achtsamen Lächelns mir
das Herz geöffnet hatte. Ich konnte so meine eigene Verwirrung und mein Leid und die Verwirrung und das
Leid der anderen, aber auch unsere Freude wahrnehmen. Wir konnten beieinander sitzen und unseren
Schmerz und unseren Zorn auf- und annehmen. Für
mich bedeutet die Praxis, in unserem Innern einen
Raum zu schaffen, in dem wir mit allem umgehen können, was uns begegnet, ohne miteinander zu kämpfen,
ohne zu streiten. Wir öffnen uns einfach nur unserem
Schmerz und dem Schmerz des anderen.

Kapitel 3
Glück finden

Über die Praxis des Alleinseins habe ich bereits geschrieben. Vielleicht glauben Sie ja, dass Sie nur froh sein können, wenn Sie mit anderen Menschen zusammen sind und mit ihnen reden und Spaß haben können. Aber auch im Alleinsein können große Freude und tiefes Glück liegen. Wenn wir zutiefst froh und glücklich sind, dann haben wir viel zu geben und viel, das wir mit anderen teilen können. Ohne die Fähigkeit, allein zu leben, verarmen wir zusehends. Wir haben nicht genug, um uns selbst zu nähren, und wir können auch anderen nicht viel geben. Darum ist es so wichtig zu lernen, das Alleinsein zu leben. Jeden Tag sollten wir etwas Zeit dem Alleinsein widmen, denn dann ist es leichter, gut für sich zu sorgen und in die Tiefe zu schauen. Das soll nicht heißen, dass es unmöglich ist, Alleinsein und In-die-Tiefe-Schauen zu üben, wenn man von einer Menschenmenge umgeben ist. Selbst wenn Sie sich mitten auf einem Marktplatz niederlassen, können Sie allein sein und sich nicht von der Menge mitreißen lassen. Sie sind immer noch Sie selbst. Auch wenn wir an einer Gruppendiskussion teilnehmen, sind wir immer noch wir selbst, auch wenn es zu kollektiven Gefühlswallungen kommt. Wir bleiben fest und sicher auf unserer Insel stehen.

Zwei Schritte sind dazu nötig. Der erste ist das physische Alleinsein. Der zweite ist die Fähigkeit, auch innerhalb einer Gruppe allein und man selbst sein zu können. Alleinsein bedeutet nicht, den Kontakt mit anderen abreißen zu lassen. Gerade weil Sie allein sind, können Sie eins sein mit der Welt. Ich fühle mich mit Ihnen verbunden, weil ich ganz ich selbst bin. Um wirklich mit der Welt in Beziehung treten zu können, muss man erst bei sich einkehren und zu sich selbst in Beziehung treten.

Ich möchte eine Übung empfehlen, die sich mehrmals am Tag durchführen lässt. Suchen Sie sich einen gut 30 Meter langen Weg. Fangen Sie bei einem Baum an und hören Sie bei einem Felsbrocken oder einem anderen Baum auf. Am Anfang suchen Sie sich einen Weg im Wald oder in Ihrer Nachbarschaft. Für den Weg brauchen Sie vielleicht zweihundert bis dreihundert Schritte – darauf kommt es nicht an. Entscheidend ist nicht die Anzahl der Schritte, sondern was bei jedem Schritt passiert.

Sagen wir, am Anfangspunkt Ihres Weges werden Sie geboren, und an dem Punkt, wo Sie ihn beenden, sterben Sie. Der Gang umfasst also Ihre Lebensspanne, und zwischen Anfangs- und Endpunkt gehen Sie auf eine Weise, dass Ihnen jeder Schritt Freude macht. Sie wissen, dass an Punkt B nichts auf Sie wartet – also haben Sie keine Eile, dorthin zu gelangen. Sie werden wie Siddharta, das Kind Buddha, geboren. Als Siddharta geboren wurde, tat er sieben Schritte, und bei jedem dieser Schritte erblühte eine Lotosblume unter seinem Fuß. Sie können in diesem Augenblick als Kind Buddha geboren werden – was spricht dagegen?

Nehmen Sie an, Sie gehen über brennende Holzkohle. Das ist kein Vergnügen – es macht niemandem Spaß, nicht einmal einem Fakir. Wenn Sie über glühende Holzkohle laufen, müssen Sie schnell laufen. Geben Sie sich die Chance, als Kind Buddha geboren zu werden und machen Sie einen ersten Schritt. Eine Lotosblume erblüht unter Ihrem Fuß, und beim nächsten Schritt blüht die nächste Lotosblume auf. Wenn wir so gehen, dass mit jedem Schritt eine neue Lotosblume unter unseren Füßen aufblüht, dann haben wir vollkommene Freude an unseren Schritten. Wir denken nicht an den Endpunkt, denn dort ist nichts als der Friedhof, und der lockt uns nicht. Das ist nicht die Richtung des Lebens – also haben wir es gar nicht eilig.

Wohin geht das Leben? Es ist hier und jetzt – das ist ganz einfach und wissenschaftlich korrekt. Wir haben erfahren, dass die Vergangenheit bereits vorbei und die Zukunft noch nicht angekommen ist. Nur der gegenwärtige Augenblick steht uns zur Verfügung, da ist das Leben. Wir kommen mit jedem Schritt an. Beim ersten Schritt können wir uns sagen: »Ich bin angekommen, ich bin angekommen.« Der zweite Schritt ist nicht mehr und auch nicht weniger bedeutend als der erste. Beim ersten Schritt kann man Glück, Seligkeit, Freude, Festigkeit, Freiheit und das Reich Gottes spüren. Warum soll man sich beeilen? Warum soll man rennen? Warum soll man seinen Schritt beschleunigen?

Damit es leichter wird, verbinden Sie Ihren ersten Schritt mit dem Einatmen. Sie atmen ein und machen einen Schritt, und Sie sind entschlossen, anzukommen. Zum Ankommen brauchen Sie den zweiten Schritt nicht. Wenn Sie möchten, belassen Sie es bei dem einen Schritt und atmen aus, oder atmen Sie ein und aus. Sie brauchen den zweiten Schritt nicht zu tun. Versenken Sie sich tief in den Augenblick.

Berühren Sie den gegenwärtigen Augenblick so tief wie möglich und berühren Sie alle Wunder des Lebens, die in diesem Augenblick enthalten sind. Sie können sie nicht nur mit den Füßen, sondern auch mit den Augen, den Ohren und dem Geist berühren. Sie berühren alles, was vorhanden ist – das Blatt, das Steinchen, die kleine Blume, den Gesang des Vogels. Sie sind völlig frei von dem Wunsch, zu Punkt B zu gelangen. Sie haben wahre Freiheit. Bisher sind Sie nämlich nicht frei gewesen, weil Sie in Eile waren. Wenn Sie den ersten Schritt tun, den Sie in vollen Zügen genießen, dann besteht der Wunsch zu hasten nicht mehr. Sie versinken tief in den gegenwärtigen Moment und berühren das Hier und Jetzt. Das kann mit viel Freude verbunden sein. Sie haben Festigkeit und Freiheit, und Sie genießen es, das Leben in sich und um sich zu berühren.

Richten Sie die Aufmerksamkeit auf Ihre Fußsohle und berühren Sie den Boden innig. Je inniger Sie ihn berühren, desto gefestigter und freier werden Sie, und Ihre Freude ist unbeschreiblich. Sie sind frei. Dies ist die Praxis der Ziellosigkeit. Sie sind frei von jedem Ziel, von jedem Wunsch – es gibt nichts, dem Sie nachjagen müssten. Das bezeichnet man auf Sanskrit mit *apranihita*. Das bedeutet: »nicht etwas vor sich hinstellen, dem man nachjagen muss«. Die meisten von uns haben ein Ziel, dem sie nachjagen, und darum sind wir immer in Eile und können nicht innehalten. Was ich eben beschrieben habe, ist die Praxis des Innehaltens. Versuchen Sie, dies allein zu tun. Gehen Sie in den Wald. Suchen Sie sich zwei Bäume aus und legen Sie den Weg zwischen ihnen so zurück, dass Ihnen jeder Schritt Freiheit und Freude bringt. Dafür können Sie sich so viel Zeit nehmen, wie Sie wollen. Bei jedem Schritt sind Sie völlig frei von dem

Wunsch zu hasten. Das ist eine Kunst, und darin liegt die grundlegende Praxis des Innehaltens. Ohne diese Praxis kann die buddhistische Meditation zu nichts führen.

Sogar im Schlaf hetzen Sie womöglich weiter und sind auf der Suche. Wenn Sie das Innehalten praktizieren, dann sehen Sie, dass alles, wonach Sie suchen, bereits im Hier und Jetzt vorhanden ist. Wenn Sie auf diese Art praktizieren, steht Ihnen das Reich Gottes und das Reine Land des Buddha im Hier und Jetzt zur Verfügung, und zwar vierundzwanzig Stunden am Tage. Die Frage ist, ob wir unsererseits für dieses Reich zur Verfügung stehen. Meister Lin Chi hat gesagt, man müsse zerstören, wonach man sucht, man müsse es wegwerfen und bei sich selbst einkehren. Gott, Festigkeit, Freiheit, Unsterblichkeit – alles steht uns im Hier und Jetzt zur Verfügung. Mit diesem Verständnis fällt das Gehen nicht schwer, es macht Freude, und in jeder Minute des Gehens liegt die Kraft des Heilens und der Verwandlung.

Das Reich Gottes

Für das Gehen im Reich Gottes gibt es keine äußeren Vorschriften. Sie können so gehen, wie es Ihnen die größte Freude macht. Sie müssen niemandem zeigen, dass Sie praktizieren. Wenn Sie etwas Interessantes entdecken, können Sie niederknien und es lächelnd betrachten. Sie atmen weiter achtsam aus und ein, damit Sie gefestigt im Hier und Jetzt verweilen können. Sie kommen mit dem Hier und Jetzt nicht nur durch Ihre Füße in Berührung, sondern auch mit Augen, Nase, Zunge, Händen und Geist. Alle sechs Sinnesorgane kommen zusammen, um das Hier und Jetzt zu berühren. Augen, Ohren, Nase, Zunge, Körper und Geist nehmen Kontakt auf mit Form, Klang, Geruch, Geschmack, Berührung und Wahrnehmungen.

Ohne dass Ihr Körper und Geist innehalten, ist keine Heilung möglich. Wenn Körper und Geist weiterhin unter Druck und Spannung stehen, ist der Heilungsprozess schwierig. In dem Augenblick, in dem Sie körperlich und geistig innehalten können, entwickeln Körper und Geist Selbstheilungskräfte. Jeder Schritt trägt dazu bei, Sie körperlich und geistig zu heilen. Wenn Sie dies einige Tage praktizieren können, werden Sie eine Verwandlung an Körper und Geist feststellen können.

Wenn Sie sich in den Finger schneiden, ist das kein Grund zur Besorgnis. Sie machen die Wunde sauber, und der Körper weiß schon, wie er den Schnitt wieder flickt – dazu brauchen Sie nichts zu tun. Unser Körper hat die Fähigkeit, sich selbst zu heilen, aber wir müssen ihn dies auch tun lassen. Wir müssen ihm Ruhe geben und ihn innehalten lassen. Darum tut es gut, Tiefenentspannung zu üben.[4] Fordern Sie Ihren Partner, Ihren Freund oder Ihr Kind auf, sich mit Ihnen hinzulegen, und gemeinsam halten Sie sowohl körperlich als auch geistig inne, und Ihr Körper und Ihr Geist können heilen. Wir haben die Fähigkeit zu ruhen verloren. Selbst wenn wir zehn Tage Urlaub haben, wissen wir die Ruhe nicht zu nutzen – ja, manchmal sind wir nach einem Urlaub erst recht erschöpft. Entspannen und Innehalten sind also eine Kunst, die wir wieder erlernen müssen.

4 Vgl. dazu den Abschnitt »Tiefenentspannung« S. 166 ff.

Die Entfernung zwischen Ihnen und dem Reich Gottes ist ein Lichtstrahl der Achtsamkeit. Die Achtsamkeit des Atmens bringt Sie wieder in dieses Reich zurück. Die Praxis der Achtsamkeit bietet Möglichkeiten, im Reich Gottes zu verweilen und nicht weiterzuhetzen. Achtsamkeit ist der Heilige Geist, die Kraft Gottes, die immer als Same in unserem Speicherbewusstsein vorhanden ist. Jedes Mal, wenn wir dieses Samenkorn berühren, wächst daraus eine Energie, die uns schützt und uns zu unserem wahren Zuhause bringt – dem Leben, dem Reich Gottes. Legen Sie doch die Vorstellung ab, das Reich Gottes bestünde außerhalb Ihrer selbst und läge in der Zukunft. Das Reich Gottes sind Sie, denn Sie gehören zum Reich Gottes. Es ist der Boden, den Sie berühren – Sie können es in einem abgefallenen Blatt, einem Kieselstein, einem Insekt, im Sonnenschein, im Wasser und im Regen sehen. Es liegt im Hier und Jetzt.

Könnte ich Ihnen ein Geschenk machen, so würde ich Ihnen nichts Geringeres als das Reich Gottes anbieten. »Als Mensch auf der Erde zu leben ist vergeudete Zeit, wenn Sie nicht wissen, wie man im Reich Gottes umhergeht.« Wenn Sie sich ein Diplom verdienen wollen, müssen Sie viele Jahre studieren, aber um im Reich Gottes einherzugehen, müssen Sie nur erkennen, dass dieses Reich hier ist, dass Sie zu ihm gehören und dass Sie ein Wunder sind. Sollten Sie sich für etwas Geringeres als ein Wunder halten, dann irren Sie sich. Sie sind ein wirkliches und wahrhaftiges Wunder – Sie brauchen niemand anders zu sein. Sie sind ein Wunder – so wie sind, sind Sie wunderbar. Ob Sie Mann oder Frau, schwarz, weiß, Moslem, Christ oder Jude sind – alle sind Sie ein Wunder. Das kann Ihnen klar werden, und Sie merken, dass Sie Ihrem Glück nicht mehr nachjagen müssen.

Stellen Sie sich vor, Sie wären Astronaut und flögen zum Mond. Sie wollten unbedingt dorthin und sich dort umsehen. Sauerstoff und Wasser würden Sie mitbringen und sich dort oben zu einem Picknick niederlassen. Nehmen Sie an, Sie stellen nach einem oder zwei Tagen auf dem Mond fest, dass Ihr Raumschiff nicht in Ordnung ist und Sie nicht auf die Erde zurückkehren können. Ihr Sauerstoffvorrat reicht nur noch für drei Tage, und Sie wissen, die Zeit ist zu knapp, als dass man von der Erde ein zweites Raumschiff schicken könnte. Bis dahin wären Sie schon tot. Nun fragte die Besatzung der Bodenstation Sie aber: »Wie lautet jetzt Ihr größter Wunsch?« Sehr wahrscheinlich würden Sie sagen: »Ich möchte zur Erde zurückkehren. Ich liebe die Erde – den kleinen Trampelpfad, den roten Boden, das grüne Gras, die Blumen, die Bäume und die Eichhörnchen, die daran auf- und abflitzen. Mein größter Wunsch ist, heimzukehren und auf der Erde gehen zu dürfen. Ich will nicht im Vorstand einer großen Firma sein. Ich möchte kein berühmter Schriftsteller oder Filmemacher sein. Ich möchte nichts als auf meinen Planeten zurückkehren und auf ihm mit Freude umhergehen.«

Worauf warten Sie also? Sie sind jetzt befreit worden. Sie sind auf die Erde zurückgekehrt. Genießen Sie es doch! Wenn Sie gelernt haben, mit diesem Gefühl über die Erde zu gehen, werden Sie sie wertschätzen und sich bemühen, sie mit ihren Flüssen, ihren Bäumen, ihren Eichhörnchen und ihren Menschen zu schützen. Wenn wir im Reich Gottes einhergehen, werden wir zu Werkzeugen des Friedens. Es ist etwas ganz Wunderbares, hier als Mensch geboren zu sein und zu erkennen, dass wir am Leben sind. Das ist der Anfang des Friedensprozesses.

Achtsames Geschirrspülen

Vor einigen Jahren habe ich ein Buch darüber geschrieben, wie man Geschirr spült. Das Buch heißt »Das Wunder der Achtsamkeit«[5]: Im Allgemeinen sehen wir im Abwaschen einen Vorgang zum Saubermachen von Geschirr, und manche von uns tun das gar nicht mehr. Wir sehen darin eine schmutzige Arbeit und überlassen sie anderen. Ich denke, Sie sollten nach Hause gehen und gemeinsam mit Ihrem Lebenspartner Geschirr spülen. Es kann Freude machen, beieinander zu stehen, und Platz gibt es für Sie beide. Kaufen Sie möglichst keine Spülmaschine.

Als ich Novize war, musste ich für hundert Mönche Geschirr spülen. Es gab kein fließendes Wasser, weder kalt noch heiß – einfach gar keinen Wasserhahn und keine Seife. Sie fragen sich vielleicht, wie ich unter diesen Umständen spülen konnte. Als Schwamm verwendete ich Kokosfaser, wie es heute noch viele Menschen in meiner Heimat tun. Die Faser, die eine Kokosnuss umhüllt, wird getrocknet, um daraus Topfreiniger zu machen. Als Novize musste ich hinausgehen und auf den kiefernbewachsenen Hügeln Holz sammeln. Wir sammelten tote Äste und Kiefernnadeln in großen Haufen. Zum Suppe- oder Reiskochen braucht man nur Kiefernnadeln.

Wir waren nur zwei Novizen und hatten das Geschirr von hundert Mönchen zu spülen. Es hat viel Spaß gemacht, gemeinsam zu spülen, auch wenn es kein heißes Wasser und keine Seife gab. Es gibt Länder, da sind die Häuser sehr komfortabel. Heißes und kaltes Wasser

5 Thich Nhat Hanh, Das Wunder der Achtsamkeit, Theseus Verlag 1997

kommen in der Küche direkt aus dem Hahn – man braucht ihn nur aufzudrehen. Da können Sie stehen und mit Vergnügen Geschirr spülen. Vielleicht sind Sie ja auch bequem. Sie sehen einen Berg von Geschirr und haben keine Lust, sich an die Arbeit zu machen und zu spülen. Aber sobald Sie die Ärmel hochgekrempelt haben und vor dem Becken stehen, fällt es Ihnen nicht mehr schwer.

Ob Sie nun in einem dieser modern ausgestatteten Länder leben oder nur Wasser aus einem Brunnen schöpfen können – das Abwaschen kann auf jeden Fall Spaß machen.

Stellen Sie sich vor, der Buddha, Mohammed oder Moses sei gerade neu geboren worden, und Sie wollten ihm sein erstes Bad geben. Waschen Sie jede Schüssel, jeden Teller so, als ob Sie den kleinen Buddha waschen würden – atmen Sie ein, freuen Sie sich, atmen Sie aus und lächeln Sie. Jede Minute kann zu einer geheiligten Minute werden. Wo suchen Sie nach dem Spirituellen? Suchen Sie es in den ganz gewöhnlichen Dingen, die Sie täglich tun. Den Fußboden fegen, den Gemüsegarten gießen, Geschirr spülen – das können alles heilige Handlungen werden, wenn sie mit Achtsamkeit ausgeführt werden. Mit Achtsamkeit und Konzentration kann alles spirituell werden.

Wenn Sie so schnell wie möglich mit dem Geschirrspülen fertig werden wollen, damit Sie sich anschließend mit einer Tasse Tee hinsetzen können, dann lohnt es sich nicht mehr, fürs Geschirrspülen zu leben. Wenn Sie keine Freude am Geschirrspülen haben, dann denken Sie auch beim Teetrinken an andere Dinge und verschwenden die Zeit des Teetrinkens. Sie denken immer an das, was als Nächstes auf Sie zukommt, und verschwenden so Ihre Lebenszeit. Wollen Sie also Ihren Tee wirklich genießen, müssen Sie auch den Abwasch genießen. Machen Sie ihn zum Vergnügen. Sie können Ihren Alltag so einrichten, dass jeder Augenblick eine kleine Feier ist.

Voraussetzungen für das Glück

Nehmen Sie an, Sie sitzen am Fuße eines Baumes und notieren auf einem Zettel die Bedingungen für das Glück, so wie sie Ihnen im Augenblick zugänglich sind. Das ist eine wirkliche Meditation, für die Sie Achtsamkeit und Konzentration brauchen. So können Sie zum Beispiel schreiben: »Ich kann jeden Tag mehrmals Gehmeditation betreiben.« Oder: »Der Tag ist kühl, und es geht ein frischer Wind.« Schließlich reichen zwei Seiten nicht mehr aus, um alles festzuhalten. Für wen schreiben Sie das auf? Wem geben Sie das Blatt Papier? Sie brauchen es niemandem zu geben. Vielleicht können Sie es gebrauchen. Jedes Mal, wenn Sie darauf schauen, wird Ihnen klar, was für ein glücklicher Mensch Sie sind, weil Ihnen so viele Voraussetzungen zum Glücklichsein gegeben sind.

Die meisten von uns treten die Bedingungen für ihr Glück mit den Füßen. Wir glauben, dass wir nicht glücklich sind, dass mehr Bedingungen erfüllt sein müssen, um uns glücklich zu machen, und dass wir diese Bedingungen in der Zukunft finden.

Leid und Glück hängen voneinander ab

Das heißt nicht, dass es kein Leid gibt. Es kann keinen Ort ohne Leiden geben, denn es ist unmöglich, Glück ohne Leid zu erfahren. Glück und Leid hängen voneinander ab, so wie rechts und links. Es ist absurd zu glauben, dass es rechts ohne links geben kann. Ohne links gibt es kein rechts. Wenn das eine nicht da ist, ist das andere auch nicht vorhanden. Wer nie Hunger hatte, weiß nicht, welche Freude es ist, etwas zu essen zu haben. Wer nie gefroren hat, kennt das Glück nicht, etwas Warmes anzuhaben.

In Plum Village haben wir mehrere Lotosblumenteiche. Lotosblumen kann man nicht ohne Schlamm ziehen. Der Schlamm riecht nicht unbedingt so gut wie eine Lotosblume, aber ohne ihn gäbe es keine Blume. Wenn Sie ein Gärtner sind, dann wissen Sie, dass Blumen und Gemüse zum Wachsen Kompost brauchen. Wenn Sie in eine Blume schauen, sehen Sie den Kompost und den Mist. Blumen und Abfall hängen voneinander ab. In zehn Tagen wird die Blume zu einem Stück Abfall. Mit guter Meditation gelingt es Ihnen, jetzt schon in der Blume Kompost und Abfall zu sehen. Meditieren Sie nicht, so warten Sie zehn Tage, und man kann die Blume wegwerfen. Wenn ein biologisch arbeitender Gärtner den Kompost betrachtet, kann er schon die Tomaten und den Salat erkennen, denn als Gärtner weiß er den Abfall wieder in Pflanzen zu verwandeln.

Genauso verhält es sich mit Leid und Glück. Sie sind beide natürliche Zustände. Glück kann in Leid übergehen, wenn man nicht mit ihm umgehen kann. Wenn Sie nicht mit Liebe umzugehen verstehen, kann sie sich in

Hass verwandeln. Wenn Sie aber die Kunst des biologischen Gärtners beherrschen und Leid wieder in Glück zurückverwandeln können, dann können Sie Hass in Liebe zurückverwandeln. Weil es Abfall gibt, können wir schöne Blumen ziehen, und weil es Leid gibt, können wir lernen, Verstehen und Mitgefühl zu entwickeln. Wie können Sie von Ihren Kindern Mitgefühl erwarten, wenn sie nicht wissen, was Leid ist? Mitgefühl besteht aus Verstehen. Wo Leid nicht verstanden wird, da gibt es auch kein Mitgefühl.

Sie haben vielleicht von den Vier Edlen Wahrheiten des Buddha gehört. Die Erste Edle Wahrheit ist das Leid, auch Kranksein genannt. Die Zweite Edle Wahrheit ist das Verstehen der Ursachen des Krankseins. Es gibt zweifellos Leid auf unserer Erde, aber die Erde ist auch ein Ort, an dem wir Verstehen und Mitgefühl lernen können. Wenn wir mit den Wundern des Lebens in Berührung kommen können, wenn wir wissen, wie wir in jedem Augenblick glücklich sein können, dann schaffen wir für uns selbst und andere kein Leid.

Verstehen ist etwas ganz Konkretes – es ist das Gegenteil von Unverstand. Wenn Sie leiden, werden Sie zornig, und Sie wollen den geliebten Menschen strafen. Sie glauben, dass Sie weniger leiden, wenn Sie ihn strafen. Das ist kein Verstehen, das ist Unverstand. Wenn Sie den anderen strafen, nimmt Ihr Leiden zu, und der andere wird nach Möglichkeiten suchen, es Ihnen heimzuzahlen. Ist ihm das gelungen, dann werden Sie noch zorniger, und Sie suchen nach Wegen, ihn noch mehr zu strafen. So setzt sich der Kreislauf von Zorn und Strafe fort.

Wir wissen, dass wir den Menschen, den wir lieben, mit unseren Worten und Taten verletzen können. Darunter kann der andere den ganzen Tag oder länger leiden. Wir wissen auch, dass er uns Leid zufügen kann. Er kann etwas sagen, was uns die ganze Nacht wach hält und uns jeden Frohsinn nimmt. Sicher, beide haben die Fähigkeit zu strafen. Nachdem sich beide Seiten eine Weile gegenseitig gestraft haben, stellen sie fest, dass keiner etwas dabei gewonnen hat. Dann kommt es zum Erwachen, zu einer schlichten, klaren Erkenntnis: Mit gegenseitigem Strafen kommt man nicht weiter. Also wendet man sich vielleicht ganz freundlich mit folgenden Worten an den anderen: »Lieber Freund, lass uns aufhören, uns gegenseitig zu strafen. Wir wollen lieber einander helfen. Man sollte nicht den Weg des Strafens einschlagen, sondern den Weg der gegenseitigen Hilfe und des gegenseitigen Schutzes. Mein Freund, ich habe dich gern und lege ein Gelübde ab, dass ich dich nicht mehr strafen will, denn ich weiß, dass ich dir dadurch Leid zufüge und damit auch mir selbst. Wenn du die gleiche Eingebung hast, wird dir einleuchten, dass du, wenn du mich strafst, nicht nur mir Leid zufügst, sondern auch dir selbst.« Das ist Verstehen, das ist Mitgefühl.

Sie haben als Gruppe von Palästinensern und Israelis viel gelitten. Jedes Mal, wenn Ihr Volk von einer Bombe getroffen oder mit Waffen angegriffen wird, möchten Sie zurückschlagen. Die Botschaft ist ganz klar: »Wenn ihr uns angreift, schlagen wir zurück. Zahn um Zahn – das ist Politik. Wer eine Terrorhandlung begeht, wird terrorisiert.« Eine solche Botschaft hat zum Ziel, die Gegenseite davon abzuhalten, anzugreifen. Man terrorisiert und bedroht sich gegenseitig. Wer aber erleuchtet und zur Besinnung gekommen ist, wer Leid gesehen hat und daraus gelernt hat, der weiß, dass der Weg der Bestrafung noch zu keinerlei positiven Ergebnissen geführt hat.

Setzen Sie sich zusammen und schreiben Sie einen Liebesbrief. Der Brief muss aus Ihrem Verstehen und Ihrem Mitgefühl heraus entstehen. Ist Ihr Verständnis nicht groß genug, können Sie keinen solchen Brief schreiben. Er kann mehrere Monate in Anspruch nehmen, denn Sie wollen Ihrer ganzen Erleuchtung und Ihrem ganzen Mitgefühl Ausdruck verleihen, das Sie in Ihrem Herzen tragen. Wenn Sie den Brief zu Ende geschrieben haben und die andere Gruppe ihn liest, erkennt sie, dass Sie diesen Brief aus Ihrer Erleuchtung und Ihrem Mitgefühl heraus geschrieben haben und dass er mehr als nur ein diplomatisches Schreiben ist. Das wird ihre Herzen rühren. Es wird direkt zu den Herzen der Palästinenser, Israelis und aller Menschen auf der Welt sprechen, die besorgt über das Leid im Nahen Osten sind. Sie sprechen für Ihr eigenes Volk, weil Ihre Regierung das nicht geschafft hat. Sie sind Teil eines wirklichen Friedensprozesses.

Ich habe Menschen gesehen, die Liebesbriefe an ihren Lebensgefährten, ihren Sohn, ihren Vater oder an ihre Frau geschrieben haben, und wenn dieser geliebte Mensch ihren Brief in Händen hielt, ging in ihm eine völlige Wandlung vor, und eine Versöhnung wurde möglich. Wenn dies zwischen zwei Menschen möglich ist, ist es auch zwischen zwei Völkergruppen möglich. Haben Sie das nötige Maß des Erwachens und der Erleuchtung erreicht? Haben Sie genug Verstehen und Mitgefühl, um die Lage wirklich zu erkennen? Wenn Sie sowohl Ihr eigenes Leid als auch das Leid der anderen

Volksgruppe erkennen können, dann können Sie auch einen solchen Brief schreiben. Dieser Brief wird einem Donner gleichen, denn er enthält nichts als Wahrheit, Erleuchtung und Frieden. Das ist unsere Praxis des Friedens. Bis es so weit ist, schreiben Sie erst einmal einen Brief an jemanden, den Sie lieben und finden heraus, wie erleuchtet und mitfühlend Sie sind. So werden Sie wissen, ob es Zeit ist, sich hinzusetzen und einen Brief an die andere Gruppe zu schreiben.

Erfahrungsberichte

Etwas hat Fuß gefasst und gewinnt an Stärke –
eine palästinensische Frau berichtet

Früher glaubte ich, dass Sprache nur ein Mittel zur Verständigung sei, aber in den letzten Monaten wurde mir klar, dass meine Muttersprache nicht irgendeine Sprache, sondern Teil meines Wesens, meiner Kultur, meiner Traditionen und meiner Geschichte ist. Auf ihr gründet sich meine Zugehörigkeit zu meinem Volk und meiner Nation. Meine Sprache aufgeben bedeutet im Grunde einen Teil meiner selbst wegwischen. Als ich meine Muttersprache zum ersten Mal wieder sprach, hatte ich das Gefühl, dass mir etwas wiedergegeben war, was ich seit Jahren vermisst hatte. Ich entdeckte, dass durch sie der Zugang zu meinen Ideen, meinen Gefühlen und meinem Inneren leichter und reibungsloser wurde denn je. Ich stellte fest, dass der arabischen Sprache Raum zu geben eine positive Auswirkung auf die Palästinenser hatte, die sich zum ersten Mal als Gastgeber und nicht als Fremde oder Gäste fühlten. Ich spürte,

82

dass dies auch von den Israelis akzeptiert wurde und daraus eine Atmosphäre der Gleichwertigkeit erwuchs.

Ich habe das Gefühl, dass hier etwas Fuß gefasst hat und an Stärke gewinnt. Hier ist ein wirklicher Prozess in Gang gekommen, und beide Seiten scheinen daran gleichermaßen beteiligt zu sein. Sie steuern das Boot in die richtige Richtung. Die Mitglieder der Sangha gehören zwei sich bekämpfenden Nationen an. Der Kampf hat tiefe, schmerzhafte Spuren hinterlassen, die in Jahrzehnten des Hasses entstanden sind. Unsere Gruppe unterscheidet sich hauptsächlich durch eines von anderen Gruppen: Sie arbeitet an der Lösung des Konflikts, indem sie inneren Frieden praktiziert, eingehendes Zuhören übt und eine Sprache der Zuneigung und der Liebe pflegt.

Auch wenn wir nicht darüber reden, ist der Konflikt in unserer Sangha doch stets gegenwärtig. Es leuchtet mir ein, dass wir nur unter dem Schutz des Praktizierens und nur durch das Praktizieren diesen Konflikt bewältigen und über ihn reden können.

Wir müssen unsere Praxis auf eine solide Grundlage stellen, denn wir leben in einer grausamen Realität. Vieles kann als Hindernis wirken, unsere Aufmerksamkeit stören und vom Ziel ablenken und die Samen des Hasses und der Wut in uns keimen lassen. Unsere Gruppenerfahrung stärkt unseren Glauben und unser Inneres.

Kapitel 4
Der Friedensvertrag des Volkes

1964 war ich an der Gründung der »School of Youth for Social Service« (SYSS) in Vietnam beteiligt. Diese Schule wurde während des Krieges gegründet, um Hilfe angesichts von Gewalt, Armut, Krankheit und sozialer Ungerechtigkeit anzubieten. Wir bildeten junge Mönche, Nonnen und Laien für die Sozialarbeit aus. Wir gingen aufs Land und halfen den Bauern, ihre Dörfer wieder aufzubauen und ihre Lebensqualität durch Bildung, Arbeit im Gesundheitswesen und bessere Organisation zu erhöhen.

Einige Dörfer hatten keine Schulen, und die Kinder mussten von klein auf ihren Eltern bei der Feldarbeit, beim Fischen und vielen anderen Dingen helfen. Für eine Ausbildung gab es keine Gelegenheit. In diese Dörfer sind wir gegangen und haben ganz bescheidene Schulen eingerichtet. Wir hatten kein Geld. Einer oder zwei unserer Leute gingen zu den Kindern und fingen an, mit ihnen zu spielen und ihnen Lesen und Schreiben beizubringen.

Bei Regenwetter fragten wir einen der Dorfbewohner, ob wir sein Haus zum Fortführen des Unterrichts benutzen könnten. Allmählich merkten die Eltern, dass die Kinder uns gern hatten. So schlugen wir schließlich vor,

85

dass die Menschen in dem Dorf uns helfen sollten, eine Schule zu bauen. Ein solches Schulhaus bestand aus Bambus und Kokosblättern – die Wände aus Bambus und das Dach aus Blättern. Das war die erste Schule, die je im Dorf gebaut wurde. Als die Menschen sahen, dass dies eine gute Sache war, halfen sie uns, die Schule zu vergrößern, damit mehr Kinder kommen konnten. Wir boten auch Abendkurse für Kinder und Erwachsene an, die tagsüber nicht zur Schule gehen konnten. Wir fanden Freunde, die Öl oder Petroleum spendeten, damit wir in den Abendstunden Lampen anzünden konnten. Wir fingen mit dem an, was wir wussten und was wir hatten. Wir erwarteten nichts von der Regierung, denn wer auf die Regierung wartet, kann lange warten.

Manchmal brachten wir einen Rechtsanwalt oder einen Richter aus der Stadt mit ins Dorf, damit die Dorfbewohner Geburtsurkunden für ihre Kinder bekommen konnten. Ohne Geburtsurkunde konnten die Kinder sich nicht an einer öffentlichen Schule anmelden. An einem Morgen wurden vielleicht zwanzig Geburtsurkunden ausgegeben, und die Kinder, die unsere Schule besucht hatten, konnten dann auf eine öffentliche Schule gehen.

Wir richteten auch Gesundheitszentren aus Kokosblättern und Bambuswänden ein. Mit einer Mischung aus Stroh und Lehm bauten wir Wände, die die Wärme hielten. Ich zeigte den jungen Leuten, wie man das macht. Wir mischten auch Zement darunter, um den Wänden mehr Halt zu geben. Wir baten sechs Studenten, die vor ihrem Medizinexamen standen, jede Woche zu kommen und bei der Untersuchung und Behandlung der Landbevölkerung zu helfen. Die Dorfbewohner kamen mit allen möglichen Krankheiten zum Gesundheitszentrum – mit Grauem Star und Husten und Schnupfen. Wir hatten kein Budget, nur unser gutes Herz. Wir waren jung, und die Liebe gab uns die Kraft, all dies zu tun. Wir zeigten den Menschen auch, wie man Toiletten baut. Bis dahin hatten sie ihre Notdurft so ziemlich überall verrichtet, und wenn jemand Durchfall hatte, gelangten die Bakterien in den Dorfbach und steckten die Übrigen an. Wir zeigten ihnen, wie man Sand und Zement mischt und daraus einen billigen Toilettensitz macht. Wir zeigten den Menschen, wie man Kompost macht und Hühner züchtet. Das alle lernten wir in der Schule und zogen dann aufs Land, um unser Wissen weiterzuverbreiten. Wir haben viel derartiges unternommen, und es hat uns viel Freude gemacht.

Wir halfen auch bei der Bildung von Kooperativen und brachten den Menschen bei, wie man das organisierte und das Geld investierte. Einer konnte von anderen Familien Geld leihen, um ein Haus zu bauen oder es in einen kleinen Betrieb zu investieren. Dann konnte im folgenden Monat jemand anders Geld von anderen leihen.

So bauten wir in den Dörfern Pilotprojekte auf. Wenn wir im Dorf ankamen, hielten wir erst einmal auf Fotos fest, wie die Menschen lebten. Nach einem Jahr intensiver Arbeit war das Dorf verwandelt, und wir machten wieder Fotos. Wir luden die Bewohner anderer Dörfer ein, sich alles anzuschauen. Es sollte sie anregen, ihr eigenes Dorf auch auf diese Weise umzugestalten. Wir verließen uns auf keine Regierung. Damals gab es ja zwei Regierungen in Vietnam, eine kommunistische und eine antikommunistische, die einander bekämpften. Wir wollten uns auf keine der beiden Seiten schlagen, denn uns war klar, dass man dann die andere Seite hätte bekämpfen müssen. Wenn man aber seine Zeit und sein Leben einsetzt, die andere Seite zu bekämpfen, kann man den Menschen nicht helfen.

Als Erstes mussten wir also die Sympathie der Menschen gewinnen. Wenn man in ein Dorf geht und ein Quartier sucht, sucht man sich keine reiche Familie aus, denn damit könnte man Menschen gegen sich aufbringen. Man wohnt auch nicht in einem Haus, in dem eine schöne Frau lebt, weil die Leute darüber klatschen könnten. Jeden Monat boten wir den Leuten, bei denen wir wohnten und schliefen, Bezahlung an. Man muss die Herzen der Menschen gewinnen. Wir sorgten dafür, dass die Bauern einander helfen und ihr Schicksal selbst in die Hand nehmen konnten, statt auf die Regierung zu warten.

Verzweiflung und Hoffnung

Im Krieg waren viele Dörfer von Bomben zerstört worden, und es gab zahlreiche Flüchtlinge. Zu Anfang hatten wir vor, an der Entwicklung der Landwirtschaft zu arbeiten, aber als der Krieg an Intensität zunahm, kümmerten wir uns um die Flüchtlinge und versuchten, sie umzusiedeln. 1969 wurde ein Dorf bombardiert, das wir in der Quang-Tri-Provinz aufbauen geholfen hatten. Es lag sehr nahe an der demilitarisierten Zone, die den Norden und Süden voneinander trennte. Das Dorf heißt Tra Loc. Wir hatten über ein Jahr Arbeit hineingesteckt, es in einen schönen Ort zu verwandeln, in dem die Menschen gern lebten, bis eines Tages amerikanische Flugzeuge kamen und das Dorf bombardierten. Man hatte ihnen gesagt, dass kommunistische Guerilleros das Dorf unterwanderten.

Die Menschen im Dorf verloren ihr Zuhause, und unsere Mitarbeiter kamen an anderen Orten unter. Sie setzten sich mit uns in Verbindung und wollten wissen, ob sie das Dorf wieder aufbauen sollten. Wir antworteten: »Ja, ihr müsst das Dorf wieder aufbauen.« Wir verbrachten wieder sechs Monate mit dem Aufbau des Dorfes, und wieder wurde das Dorf durch Bomben zerstört. Wieder verloren die Menschen ihr Zuhause. Wir hatten im ganzen Land viele solcher Dörfer gebaut, aber um die demilitarisierte Zone herum war es besonders schwierig. Nun wollten unsere Mitarbeiter wissen, ob sie das Dorf zum dritten Mal aufbauen sollten, und nach einigem Überlegen sagten wir: »Ja, wir müssen es wieder aufbauen.« Und was meinen Sie, was geschah? Es wurde zum dritten Mal von amerikanischen Bomben zerstört.

Wir waren der Verzweiflung nahe. Verzweiflung ist das Schlimmste, was einem Menschen zustoßen kann. Wir hatten das Dorf zum dritten Mal aufgebaut, und es war zum dritten Mal zerstört worden. Und wieder fragten wir uns: »Sollen wir es wieder aufbauen? Oder sollen wir aufgeben?« In unserem Hauptquartier wurde lebhaft diskutiert, und wir kamen in Versuchung, das Handtuch zu werfen – drei Mal war zu viel. Aber schließlich trafen wir die weise Entscheidung, nicht aufzugeben. Tra Loc aufgeben hieß die Hoffnung aufgeben. Wir mussten aber die Hoffnung aufrechterhalten, um nicht der Verzweiflung zu verfallen. Darum entschlossen wir uns, das Dorf zum vierten Mal aufzubauen.

Ich weiß noch, wie ich in meinem Büro im Institut für buddhistische Studien in Saigon saß, als eine Gruppe junger Leute zu mir kam und fragte: »Thay, glauben Sie, dass der Krieg eines Tages enden wird? Gibt es denn noch Hoffnung?« Das Dorf Tra Loc war ja nur einer der Orte, an denen das Leben sehr schwer war. Täglich töteten Menschen einander, täglich starben Menschen. Russland, China und Amerika waren am Krieg beteiligt. Sie hatten ihre Ideologien, ihre Waffen, ihre Berater und ihr Militär. Vietnam war das Opfer eines internationalen Konflikts geworden. Wir wollten den Krieg beenden, aber wir konnten es nicht, weil es nicht in unserer Macht lag, sondern in der der Großmächte.

Es sah nicht so aus, als bestünde irgendeine Hoffnung, denn der Krieg zog sich schon lange hin. Kein Licht am Ende des Tunnels war in Sicht. Als mich die Gruppe der jungen Leute nach der Hoffnung fragte, musste ich erst einmal achtsames Atmen praktizieren und bei mir, auf der Insel meines Selbst, einkehren. Schließlich sagte ich ganz ruhig: »Meine lieben Freunde, der Buddha hat gesagt, dass alles vergänglich ist und nichts ewig dauern kann. Der Krieg ist auch vergänglich. Er wird irgendwann enden. Lasst uns nicht die Hoffnung verlieren.« Das sagte ich ihnen. Ich hatte nicht viel Hoffnung, muss ich gestehen, aber hätte ich gar keine Hoffnung gehabt, hätte ich die jungen Leute vernichtet. Ich musste praktizieren und meine wenige Hoffnung nähren, um ihnen eine Zuflucht bieten zu können.

Bei sich selbst einkehren

Ich hatte eine Schülerin, Schwester Tri Hai, die ihr Studium der englischen Literatur an der Indiana University in Bloomington abgeschlossen hatte. Sie war zur Nonne ordiniert worden. Sie wurde festgenommen und ins Gefängnis geworfen, weil sie für Frieden und Menschenrechte gearbeitet hatte. Im Gefängnis praktizierte sie gemeinsam mit anderen Frauen in der kleinen Zelle Gehmeditation. Diese Gehmeditation brauchte sie, um ihren Lebensmut zu erhalten. Sie konnte vielen Menschen im Gefängnis helfen. In einer solchen Lage überlebt man durch sein spirituelles Leben, sonst verliert man den Verstand. Man hat keine Hoffnung, man ist frustriert und muss so vieles erdulden. Darum ist die spirituelle Dimension Ihres Lebens so wichtig. Wenn Sie von Zorn, Verzweiflung und Angst überwältigt werden, ist Ihr Leid groß. Sie können sich selbst nicht helfen. Wie wollen Sie da anderen Menschen helfen können? Zorn ist ein Feuer und wird Sie immer weiter verbrennen. Wir sind durch das Feuer gegangen und wissen, wie heiß es ist.

Schwester Tri Hai praktizierte ihre Gehmeditation nachts und konnte so sie selbst sein und ihren Verstand bewahren. Sie kehrte in ihrem wahren Zuhause, bei sich selbst, ein. Ihr wahres Zuhause ist nicht in Paris, London oder Tra Loc, denn die Häuser dort können bombardiert und weggenommen werden. Ihr wirkliches Zuhause liegt in Ihnen selbst, und das kann Ihnen niemand wegnehmen. Der Buddha hat gesagt: »Kehrt auf der Insel in eurem Inneren ein. Dort liegt die sichere Insel eures Selbst. Jedes Mal, wenn ihr leidet oder nicht weiter wisst, kehrt in euer wirkliches Zuhause zurück. Dieses wahre Zuhause kann euch niemand wegnehmen.« Diese Lehre gab der Buddha seinen Jüngern, als er achtzig Jahre alt war und wusste, dass er bald sterben würde.

Es gibt Tage, an denen uns nichts gelingt. Wir verlassen uns auf unsere Intelligenz, auf unsere Begabung und glauben, so weiter zu kommen. Aber dann gibt es Tage, an denen einfach alles schief geht. Wenn etwas schief geht, geben wir uns mehr Mühe, und trotz oder gerade wegen unserer Bemühungen geht es weiterhin schief. Wir sagen: »Heute habe ich eine Pechsträhne. Ich muss mit dem linken Fuß zuerst aufgestanden sein.« Am besten hört man dann auf, sich abzumühen und kehrt bei sich selbst ein, um sich zu erholen. Man kann sich nicht einfach auf seine Begabung verlassen und weitermachen. Man muss einkehren und sich wieder aufbauen, um mehr Festigkeit, Freiheit, Frieden und Ruhe zu gewinnen, ehe man sich von neuem an die Aufgabe macht.

Vor vielen Jahren hatte ich eine Einsiedelei in einem Wald, der etwa zwei Autostunden von Paris entfernt lag. Eines Morgens verließ ich meine Klause, um im Wald spazieren zu gehen. Ich verbrachte den ganzen Tag dort, übte Sitzmeditation und schrieb Gedichte. Am Morgen war wunderschönes Wetter, aber am späten Nachmittag merkte ich, dass Wolken aufzogen und der Wind auffrischte. Also machte ich mich auf den Heimweg. Als ich bei meiner Klause eintraf, herrschte dort ein wildes Durcheinander. Am Morgen hatte ich nämlich alle Fenster und Türen geöffnet, damit der Sonnenschein hineinkommen und alles austrocknen konnte. Der Wind hatte alles Papier vom Schreibtisch geweht und überall verteilt. In der Einsiedelei war es kalt und ungemütlich. Als Erstes machte ich Fenster und Türen zu. Dann zündete ich ein Feuer an. Als die Glut entfacht war, hörte ich den Wind pfeifen, und es ging mir schon viel besser. Als Drittes sammelte ich die verstreuten Blätter ein, legte sie auf den Tisch und beschwerte sie mit einem Stein. Das dauerte etwa zwanzig Minuten. Schließlich ließ ich mich neben dem Holzofen nieder und fühlte mich pudelwohl, und die Einsiedelei wurde warm und gemütlich.

Wenn Sie feststellen, dass es Ihnen schlecht geht, weil Ihre Augenfenster offen sind, weil Ihre Ohrenfenster offen sind, weil der Wind hineinbläst und Ihnen Schlimmes zugestoßen ist, was bei Ihnen zu einem Chaos in den Gefühlen, dem Körper und den Wahrnehmungen geführt hat, dann sollten Sie sich nicht zu sehr abmühen. Kehren Sie in Ihre Einsiedelei in Ihrem Inneren ein. Schließen Sie die Türen, machen Sie den Ofen an und machen Sie es sich gemütlich. Das verstehe ich unter »Zufluchtnehmen zur Insel des Selbst«. Wenn Sie nicht in sich selbst einkehren, dann verlieren Sie sich. Sie zerstören sich selbst und die Menschen um Sie, auch wenn Sie es gut meinen und helfen wollen. Darum ist die Praxis des Einkehrens auf der Insel des Selbst so wichtig. Dieses wahre Zuhause kann Ihnen niemand nehmen.

Auf dem Weg des Friedens

1966 hat man mir untersagt, nach Vietnam zurückzukehren. Also musste ich die Einkehr in mein Inneres üben. So fühle ich mich, wohin ich auch gehe, zu Hause. Glauben Sie nur nicht, dass mein Zuhause in Plum Village liegt. Mein Zuhause ist gefestigter als Plum Village, das uns jederzeit genommen werden kann, darüber bin ich mir im Klaren. Es kam schon vor, dass die französische Regierung das Unterdorf sperrte, weil es nicht den Bauvorschriften entsprach. Wir hatten nicht das Geld, um eine Feuerwehrzufahrt zu bauen oder die richtigen Türen anzuschaffen, die Küche entsprach nicht den Vorschriften und dergleichen mehr. Aber das machte uns keinen großen Kummer, denn wir hatten unser wahres Zuhause in unserem Inneren. Wenn man Ihre Hütte verbrennt und Sie davonjagt, leiden Sie natürlich. Sie wis-

93

sen aber, wenn Sie Ihr wahres Zuhause in sich tragen, dann können Sie sich auch draußen ein neues Zuhause bauen. Nur wenn Sie Ihr inneres Zuhause verlieren, verlieren Sie die Hoffnung.

Schwester Chan Khong wurde in der Stadt Ben Tre im Süden Vietnams geboren. Eines Tages erfuhr die US-Armee, dass ein Dutzend kommunistische Guerillakämpfer in die Stadt eingedrungen seien und dort Flugabwehrraketen aufgestellt hätten. Auf ein vorbeifliegendes amerikanisches Flugzeug waren Schüsse abgegeben worden, aber es war nicht getroffen worden. Am selben Nachmittag kamen viele amerikanische Flugzeuge und zerstörten die Stadt. Die Amerikaner handelten aus Angst. Etwa fünfhunderttausend amerikanischen Soldaten standen zwölf kommunistische Guerillakämpfer gegenüber, aber aus Angst und Zorn zerstörten die Amerikaner eine ganze Stadt. Das war kein intelligentes Handeln, sondern brachte die Menschen nur noch mehr gegen die Amerikaner auf. Wenn man nämlich so viel Angst und Zorn in sich trägt, bleiben Klugheit und klares Denken auf der Strecke. Als man den Befehlshaber, der die Operation leitete, fragte, warum er Ben Tre hatte zerstören lassen, antwortete er: »Nun, wir mussten die Stadt zerstören, um sie zu retten.« Das ist militärische Logik.

Mit Verstehen und Mitgefühl auf Gewalt reagieren

Eines Nachts kamen einige Menschen aus einem der Work Camps, die unsere SYSS betreibt. Es war in der Nähe Saigons am Ufer des Saigon-Flusses gelegen. Wir hatten etwa zehn Arbeitskräfte dorthin geschickt, die beim Wiederaufbau eines Dorfes helfen sollten. Fünf unserer Sozialarbeiter schliefen in dem Lager. Die anderen fünf arbeiteten woanders. Schwester Chan Khong hatte sie am Nachmittag besucht und hatte ursprünglich die Nacht im Lager verbringen wollen, aber dann wurde sie wegen einer dringenden Angelegenheit in die Stadt zurückgerufen. Wäre sie in jener Nacht dort geblieben, wäre sie getötet worden. Es kamen nämlich einige Leute ins Lager, griffen sich unsere fünf Sozialarbeiter und fesselten sie. Dann schleppten sie sie ans Flussufer und fragten sie, ob sie zur SYSS gehörten. Dies bejahten sie, woraufhin man ihnen sagte: »Tut uns Leid, wir müssen Sie töten.« Alle fünf wurden am Flussufer niedergeschossen.

Später erfuhren wir, dass dies das Werk von Antikommunisten war. Keiner Partei waren wir genehm, weil wir uns nicht auf die Seite einer der Krieg führenden Parteien schlagen wollten. Die Kommunisten fürchteten, dass wir mit der CIA unter einer Decke steckten, und die Antikommunisten fürchteten, wir seien verkappte Kommunisten. Sie waren voller Angst, aber auch voller Misstrauen und Zorn. Fast jeder handelte aus Angst, Zorn und Misstrauen – und das bedeutet Krieg von innen heraus. Wir wollten Brüderlichkeit aufbauen und dem Weg des Friedens folgen. Wir wollten uns nicht auf eine Seite schlagen, um dann die andere zu bekämpfen und zu töten. Wir wollten beide Seiten einbeziehen, und darum verdächtigte uns jede Seite, Verbindungen zum jeweiligen Gegner zu unterhalten. Die Kommunisten kamen und sagten: »Ihr müsst gehen. Wenn ihr bleibt, können wir für eure Sicherheit nicht garantieren.« Das sagten sie, weil wir auf freundschaftlichem Fuß mit der Landbevölkerung standen. Unser Ideal war es, den Menschen zu dienen, und deshalb hatten sie uns gern und unterstützten uns. Dies passte den kommunistischen Guerillaführern nicht – sie beanspruchten alle Unterstützung für sich. Nachts waren sie Herr der Lage, und am Tage waren es die Antikommunisten, und beide Seiten setzten uns zu. Dennoch gaben wir unsere überparteiliche Haltung nicht auf, denn sie entsprach unserem Ideal des Dienens und der Nichtunterscheidung. Die Kommunisten waren unsere Brüder und Schwestern, und die Antikommunisten waren es ebenfalls, und unsere Brüder und Schwestern wollten wir nicht töten.

Einer der fünf Sozialarbeiter überlebte. Er war schwer verletzt, und die Antikommunisten hatten ihn für tot gehalten. Als Schwester Chan Khong am Morgen mit ihrem kleinen Auto ankam, entdeckte sie, dass die Sozialarbeiter vom Lager weggeschleppt worden waren und fand schließlich auch die vier Leichen. Sie fand auch den jungen Mönch, der einen Bauchschuss davongetragen hatte und noch am Leben war. Wir brachten ihn ins Krankenhaus. Er kam durch und konnte uns berichten, was geschehen war.

Das zweite Mal wurden wir im SYSS-Lager angegriffen, wo wir junge Sozialarbeiter ausbildeten. Nachts wurden Granaten in die Schlafsäle geworfen. Auch in mein Zimmer versuchten sie eine Granate zu werfen, aber sie prallte am Vorhang ab und flog wieder hinaus. Ich war damals gerade in Paris und rief zum Einstellen der Feindseligkeiten auf. Bei dem Angriff wurden mehrere Menschen verletzt, und ein Student starb noch an Ort und Stelle. Bei einer Sozialarbeiterin musste eine Amputation vorgenommen werden. Außerdem hatte sie etwa 300 Schrapnellsplitter in ihrem Körper. Sie hieß Bui Thi Huong. Wie Schwester Chan Khong stammte auch sie aus Ben Tre. Wir sorgten dafür, dass sie in Japan behandelt werden konnte. Dort entfernte man im Krankenhaus Hunderte von Granatsplittern aus ihrem Körper. Es waren so viele, weil es sich um eine Streugranate handelte, die in möglichst viele Teile zerfallen sollte, um möglichst viele Menschen zu verletzen. Nicht alle Splitter konnten entfernt werden. Etwa hundert blieben in Bui Thi Huongs Körper zurück.

Ich habe einen Schüler, der als amerikanischer Soldat in Vietnam war. Seine Einheit geriet in einen Hinterhalt, und die meisten Soldaten wurden getötet, nur er und ein paar Kameraden überlebten. Dieser Soldat hat dann fünf Kinder mit vergifteten Broten getötet, um Rache für den Angriff auf seine Einheit zu nehmen. Wir luden ihn zu einer Dharma-Gesprächsrunde ein. Wir saßen da und atmeten ein und aus. Wir wollten ihm die Gelegenheit geben, zu sprechen, denn wenn man seine Geschichte nicht erzählen kann, trägt man sie für immer mit sich herum. Wir übten uns im mitfühlenden Zuhören und fragten ihn: »Lieber Freund, wenn du etwas auf dem Herzen hast, was du nicht hast aussprechen können, so sprich jetzt darüber. Jetzt hast du die Gelegenheit.« Zwei Tage lang konnte er nicht sprechen. Es fällt sehr schwer, über so etwas zu sprechen, aber schließlich, am dritten Tag, gelang es ihm, seine Geschichte zu erzählen. Er hörte nicht auf zu weinen.

Am Abend bat ich ihn auf mein Zimmer und sagte zu ihm: »Gut, ich verstehe – du hast fünf Kinder getötet. Aber siehst du nicht, dass du auch fünf Kinder retten kannst, und zwar heute noch? Überall auf der Welt, auch in Amerika, sterben täglich Kinder aufgrund von Gewalt, Armut und Unterdrückung. Einem Kind fehlen vielleicht nur 50 Cent, um eine Tablette zu kaufen, die sein Leben retten könnte. Es hat aber das Geld nicht und muss deshalb sterben. Du kannst täglich fünf Kinder retten. Du hast deine Intelligenz, deine Ausbildung, und du kannst dich jetzt sofort aufmachen und Kinder vor dem Tod retten. Lass dich doch nicht von der Vergangenheit derart überwältigen, dass du nicht im gegenwärtigen Augenblick lebst! Im gegenwärtigen Moment steht dir das Leben zur Verfügung, und du kannst etwas unternehmen, um die Vergangenheit wieder gutzumachen. Die Vergangenheit lebt in der Gegenwart fort. Wenn du mit der Gegenwart in Berührung bist, kannst du auch die Vergangenheit heilen. Brich heute noch auf und rette fünf Kinder, dann geht es dir besser.« Das tat er auch. Seine Arbeit heilte ihn, und er wurde mein Schüler.

In vielen Umerziehungslagern, die die Kommunisten einrichteten, praktizierten meine Schüler Sitz- und Gehmeditation. Manchmal gestattete man uns nicht, Sitzmeditation zu üben. Die Umerziehungslager glichen strengen Arbeitslagern, und man verbrachte seine ganze Zeit und verausgabte seine Energie, sodass man nicht mehr dazu kam, an andere Dinge zu denken. Am Abend hatte man vielleicht etwas Zeit für sich selbst und konnte Sitzmeditation üben, aber viele der Wachen sahen darin eine Provokation. Wenn man da so sitzt, weil man frei sein möchte, weil man man selbst sein möchte, erscheint es ihnen so, als sage man: »Ich habe keine Angst vor euch. Ich kann ich selbst sein.« Sie erlaubten uns nicht, Sitzmeditation zu üben, weil von ihr eine Kraft der Festigkeit ausgeht. Wer so sitzt, beweist, dass er er selbst ist und nicht von seiner Angst überwältigt wird, und wir sollten ja in ständiger Angst vor ihnen leben. So mussten wir mit unserer Sitzmeditation warten, bis sie das Licht löschten. Auf diese Weise überlebten wir. Wir mussten das Atmen praktizieren. »Ich bin angekommen. Ich bin zu Hause.« Das war für uns kein Luxus. Wenn man nicht man selbst sein kann, kann man mit seiner Angst, seiner Verzweiflung und seinem Zorn nicht umgehen. Man ist ihnen ausgeliefert und kann auch niemand anderem helfen.

Die Bootsflüchtlinge

1978 reiste ich zu einer Tagung über Religion und Frieden nach Singapur und hörte dort vom Schicksal und dem Leid der Bootsflüchtlinge. Viele von ihnen kamen auf hoher See um, und Singapur ging sehr hart gegen sie vor. Sobald ein Boot mit Flüchtlingen an Bord zu landen versuchte, wurde es wieder hinaus aufs Meer gestoßen und die Menschen dem Tod ausgeliefert. Man wollte ihnen nicht helfen. Fischer, die Mitleid hatten und die Bootsflüchtlinge vor dem Ertrinken bewahrten, wurden bestraft und mussten so viel Strafe zahlen, dass sie nicht ein zweites Mal versuchen würden, Menschen zu retten.

Ich blieb in Singapur, um eine Rettungsaktion zu organisieren. Das musste im Geheimen geschehen, denn ich wusste, dass die Regierung in Singapur dies nicht dulden würde. Andere Menschen kamen und halfen mir – Freunde aus Frankreich, Holland und anderen europäischen Ländern. Wir mieteten ein Boot, nahmen Medikamente, Wasser und Nahrungsmittel an Bord und stachen in See, um Menschen zu retten.

Auch Malaysia wies die Bootsflüchtlinge ab und ließ die Menschen lieber auf See umkommen, als dass man ihnen bei der Landung geholfen und sie ins Gefängnis gesteckt hätte. Diejenigen aus unserer Gruppe, die nach Malaysia weiterreisten, wurden Zeugen vieler trauriger Ereignisse. Einmal versuchten zwei mit Menschen beladene Boote zu landen, und die Polizei trieb sie wieder aufs Meer hinaus. Eines der Boote kenterte, denn es war schon längst nicht mehr seetauglich. Im anderen Boot mussten die Menschen zusehen, wie alle ertranken, denn keinem gelang es, an Land zu schwimmen. Die Flüchtlinge im Boot waren entschlossen, die Landung noch einmal zu wagen. Es gelang ihnen auch, und sie zerstörten ihr Boot, damit es nicht wieder aufs Meer gestoßen werden konnte. Die Polizei musste sie ins Gefängnis bringen, bis ein anderes Boot da war, mit dem man sie wieder zurückschicken konnte. Das war die übliche Vorgehensweise.

Unsere Freunde setzten sich sofort mit der Presse in Verbindung, denn wir wussten, dass nur Journalisten die Bootsflüchtlinge retten konnten. Wenn die Journalisten wussten, dass Menschen gefangen gehalten wurden, würden sie sie fotografieren und die Bilder in den Zeitungen veröffentlichen, und die malaysische Regierung würde es nicht mehr wagen, die Bootsflüchtlinge wieder hinaus auf das Meer zu treiben. Das war eine Möglichkeit, die Bootsflüchtlinge zu retten – zwar wanderten sie ins Gefängnis, aber sie waren in Sicherheit. Der Hochkommissar für Flüchtlingsangelegenheiten bei den Vereinten Nationen hatte ein Büro in Malaysia. Wir baten die UNO-Angestellten, zu kommen und die Ereignisse und die Namen der Flüchtlinge festzuhalten. Die Flüchtlinge saßen dann erst einmal Jahre fest und bekamen keine Gelegenheit, sich in einem anderen Land anzusiedeln, denn das Hochkommissariat ließ sich viel Zeit. Wir stellten fest, dass die Flüchtlinge viele Jahre lang auf ein paar Inseln festgehalten wurden und keinerlei Hoffnung auf Umsiedlung hatten.

In Singapur sahen wir uns zu illegalem Vorgehen gezwungen. Wir suchten die einheimischen Fischer zu Hause auf und sagten ihnen: »Wenn ihr Bootsflüchtlinge rettet, dann ruft uns gleich an. Dann kommen wir und kümmern uns um sie, und ihr werdet nicht bestraft.« Wir hinterließen unsere Telefonnummer, und ab und zu kam ein Anruf vom einem Fischer. Mit dem Taxi fuhren wir hin, holten den Flüchtling ab und brachten ihn zur französischen Botschaft.

Der französische Botschafter in Singapur, Jacques Gasseau, war ein Mann mit Herz. Er war über unser Vorgehen im Bilde. Wir kamen nachts, wenn die Botschaft geschlossen war, halfen dem Flüchtling, über die Umzäunung auf das Botschaftsgelände zu klettern und baten ihn, dort zu warten. Am Morgen kam der Botschafter mit seinen Angestellten, und das Tor wurde geöffnet. Fanden sie jemanden auf dem Gelände, dann fragten sie: »Wer sind Sie?« Der Flüchtling antwortete dann: »Ich bin ein Bootsflüchtling und wurde hierher gebracht.« Wir hatten den Flüchtling gebeten, unsere Namen nicht zu nennen. Der Botschafter wusste Bescheid. Er rief die Polizei, die dann den Namen des Flüchtlings aufnahm und ihn ins Gefängnis steckte – das bedeutete Sicherheit für ihn. Sonst wäre er wieder in den sicheren Tod auf dem Meer getrieben worden. So handelten wir oft außerhalb der Legalität.

Wir hatten drei Schiffe gemietet und wollten sie, voll gepackt mit Flüchtlingen, auf die Reise nach Australien –

101

nach Perth oder Darwin – schicken. Wir hatten dafür
gesorgt, dass die Bootsflüchtlinge genügend Wasser,
Medikamente und auch etwas Geld hatten. Unser Plan
war, kurz vor der Ankunft der Boote eine Pressekonfe-
renz abzuhalten und dort zu sagen: »Es kommen Bootsflüchtlinge. Bitte schickt sie nicht weg.« Solche Dinge taten wir. Über Mitgefühl sprachen wir nicht, sondern wir
bemühten uns, entsprechend zu handeln.

Eines Nachts flogen wir auf. Die Polizei in Singapur
hatte unser Büro umstellt. Sie hatten unser Untergrund-
netz aufgedeckt. Die drei Schiffe waren schon auf See
und hatten keine Genehmigung, sich in den Hoheits-
gewässern von Singapur oder Malaysia aufzuhalten.
Die Regierung beschlagnahmte unser viertes Schiff, mit
dem wir die Bootsflüchtlinge mit Wasser, Nahrung und
Medikamenten versorgen wollten. Wir konnten die
Bootsflüchtlinge nicht erreichen, die Hunger und Elend
durchlebten. Obendrein gab es einen Sturm.

Ich saß zwar auf festem Boden, aber eigentlich war ich
draußen auf dem Meer, denn das Leben der Bootsflüchtlinge und das meine waren eins. Stellen Sie sich vor, Sie
tragen die Verantwortung für das Leben von fast tausend
Menschen – in einem Schiff dreihundert, in einem anderen vierhundert … Auf dem dritten Schiff, der Leapdal,
wurde ein Kind geboren. Wir hatten Kontakt zu dem
Schiff, aber es war äußerst schwierig. Wenn man in einer
solchen Lage keine Sitz- oder Gehmeditation betreiben
kann, kann man nicht man selbst sein. Man kann nicht
helfen und läuft Gefahr, seinen Verstand zu verlieren.

Die Polizei erschien um Mitternacht und beschlagnahmte unsere Pässe. Uns wurde befohlen, das Land

binnen vierundzwanzig Stunden zu verlassen. Wie konnten wir das tun, wo wir doch die Verantwortung für fast tausend Menschen trugen? Es war sehr schwer. Von ein Uhr bis fünf Uhr morgens praktizierten wir alle Gehmeditation, um wir selbst zu sein und einen Ausweg zu finden. Schließlich fiel uns um vier Uhr ein, uns an Jacques Gasseau zu wenden und ihn um Intervention zu bitten, damit wir noch zehn Tage bleiben könnten, um das Unternehmen erfolgreich zu Ende zu bringen. Um fünf Uhr verließen wir unser Büro, aber es gab keine Taxen, und die Botschaft war erst ab neun Uhr geöffnet. So setzten wir unsere Meditation im Gehen fort.

Als die Botschaft öffnete, standen wir vor dem Tor. Wir gingen hinein und sprachen mit dem Botschafter, der einen Brief an die Regierung von Singapur schrieb. Darin setzte er sich für uns ein und bat die Regierung, uns zehn Tage Bleiberecht zu gewähren. Wir mussten bis fast elf Uhr auf den Brief warten und gingen damit schleunigst zum Premierminister. Als dieser den Brief erhielt, ließ er sein Kabinett zusammentreten, während wir draußen warteten. Schließlich waren sie einverstanden. Es blieben uns nur fünfzehn Minuten, um zum Innenminister zu gehen und unsere Visa für zehn Tage verlängern zu lassen. Ohne die spirituelle Dimension in unserem Leben wären wir verloren gewesen.

Der Friedensvertrag

Wenn Menschen uns in Plum Village aufsuchen, dann nicht deshalb, um soziale oder politische Unterstützung zu bekommen. Man spricht ja oft über das eigene Leid und die eigenen Schwierigkeiten, um so Unterstützung

für seinen Kampf gegen die andere Seite zu mobilisie-
ren. Das ist eine große Versuchung. Man glaubt, wenn
man nur stark ist und mehr Unterstützung als die
Gegenseite bekommt, wird der Gegner sich zurückzie-
hen müssen. Darauf hoffen viele Menschen, aber wir
wissen, dass die Initiativen, die aus diesem Denken heraus entstanden sind, schon seit vielen Jahren fruchtlos
geblieben sind.

Wir haben einen anderen Ansatz, der davon ausgeht,
dass ein Friedensprozess stattfinden muss, eine wirkliche »Road Map« zum Frieden. Diese muss sich auf unsere spirituelle Stärke gründen – die Stärke, die unseren
Politikern fehlt. Wenn Sie in sich selbst und in Ihrer
Gruppe Frieden und Festigkeit finden, können Sie auch
einen Einfluss auf Ihre Regierung ausüben, und gemeinsam können Sie einen annehmbaren Vorschlag erarbei-
ten. Das ist kein Vertrag im Sinne politischer und militä-
rischer Bedingungen, sondern ein Friedensvertrag, der
ganz auf Ihrer spirituellen Einsicht gründet.

Sie können auch mit sich selbst einen Friedensvertrag
unterzeichnen, denn es ist ja möglich, dass Sie innerlich
mit sich selbst Krieg führen. Vielleicht bekämpfen Sie
Ihren Körper, weil Sie nicht wissen, wie Sie behutsam
mit ihm umgehen sollen, und muten ihm deshalb eine
Menge zu. Sie haben Ihren Körper mit Alkohol, Drogen
und anderen Dingen zerstört, und jetzt müssen Sie mit
Ihrem Körper, Ihrem Fühlen und Ihrem Denken einen
Friedensvertrag schließen. Sie müssen wissen, wie Sie
bei sich selbst einkehren und mit Ihrem Zorn und Ihrer
Verzweiflung umgehen können. Sie müssen mit ihnen
einen Friedensvertrag schließen, ehe Sie Frieden finden
können und sich mit Menschen, die Sie lieben, versöh-

nen können. Wer mit sich selbst Krieg führt, bricht leicht einen Krieg mit jemand anderem vom Zaun – und natürlich erst recht mit dem Gegner. Der Mensch, den Sie lieben, kann im Alltag zu Ihrem Feind werden. Wie Sie mit ihm oder ihr sprechen, wie Sie handeln – voller Zorn und Gewalt –, macht aus Ihnen einen Feind. Wie aber können Sie auf Frieden für Ihr Land und auf Frieden mit der Gegenseite hoffen, wenn der Mensch, den Sie lieben, Ihr Feind ist?

Wir tragen alle den Samen der Weisheit in uns. Wir wissen, dass Strafen uns nicht weiterbringen, und doch versuchen wir, jemanden zu strafen. Wenn der Mensch, den Sie lieben, etwas sagt oder tut, das Ihnen wehtut, wollen Sie ihn strafen, denn Sie glauben, dass Ihnen dies Erleichterung verschafft. Manchmal haben Sie aber auch lichte Momente und erkennen, wie kindisch und unwissend ein solches Verhalten ist, denn wenn Sie ihrem geliebten Menschen Kummer machen, wird er auch Erleichterung suchen, indem er Sie bestraft. So kommt es zu einer Eskalation des Strafens. Gelingt es Ihnen nicht, die Eskalation zwischen sich und Ihrem geliebten Menschen anzuhalten – wie kann es Ihnen da gelingen, die Eskalation zwischen zwei Völkergruppen oder Nationen aufzuhalten?

Die Führer Palästinas und Israels tragen die Samen des Verstehens und der Weisheit in sich – aber auch andere Samen: den Samen des Zorns, die Versuchung, zu strafen und den Samen der Verzweiflung. Schon untereinander werden wir uns nicht einig. Wir befinden uns als gemeinsame Opfer des Gegners in demselben Lager, aber wir können nicht zusammenkommen. Wie können wir uns mit der anderen Gruppe aussöhnen, wenn wir

105

uns nicht miteinander aussöhnen können? Die Palästinenser sind genauso mit sich zerfallen wie die Israelis. Am Anfang steht die Aussöhnung mit sich selbst, dann mit dem Menschen, den man liebt, und dann kann die Aussöhnung mit der Gruppe stattfinden.

Meist gehen wir erst auf den geliebten Menschen zu und bitten ihn, sich zu ändern, und versuchen eine Änderung zu erzwingen. Ein wirklicher Friedensprozess ist das nicht. Beim wirklichen Friedensprozess kehrt man zuerst bei sich selbst ein und söhnt sich mit sich selbst aus. Man lernt, mit seinen Schwierigkeiten umzugehen – mit Verzweiflung, Misstrauen, Angst und Zorn. Dann erst ist der zweite Schritt möglich, dem geliebten Menschen zu helfen. Dieser wird das Gleiche tun. Er oder sie muss bei sich einkehren und lernen, mit den eigenen Gefühlen umzugehen, ehe Sie beide einem dritten, vierten oder fünften Menschen helfen können. So sieht ein wirklicher Friedensprozess aus.

Können Sie helfen? Sind Sie genügend gefestigt? Haben Sie genügend Verstehen, Festigkeit und Mitgefühl? Wenn Sie als Gruppe praktizieren und Ihrer Weisheit, Ihrem Verstehen und Ihrem Mitgefühl Ausdruck verleihen können, dann werden Sie zu einem wichtigen Element im Friedensprozess. Sie müssen die Menschen, die Sie lieben, unterstützen, indem Sie die Samen des Verstehens und des Mitgefühls in ihnen wässern und sie ermutigen, sich von der Weisheit leiten zu lassen und sich mit sich selbst auszusöhnen. Ihre politischen Führer fühlen sich unter Umständen sehr allein gelassen, und Sie können dafür sorgen, dass sie weniger einsam sind. Sie können sie mit Elementen des Mutes, des Friedens, der Hoffnung und der Klugheit bereichern.

Lassen Sie die israelischen und palästinensischen Führer nicht allein. Sonst haben diese das Gefühl, ganz auf sich gestellt zu sein und sich nur auf sich selbst verlassen zu können. Sie müssen sie unterstützen, damit sie die beste Saat nähren können, die sie in sich tragen. Jedermann trägt die Samenkörner des Verstehens und der Weisheit in sich.

Es muss möglich sein, sich zu verständigen, um dem Krieg ein Ende zu machen. Solange wir von dem Wunsch beseelt sind, einander zu strafen, werden die Feindseligkeiten nicht aufhören, und in mir, in Ihnen und zwischen uns kann kein Glück gedeihen. Der wahre Friedensvertrag gründet sich auf Verständigung. In unserem Alltag fallen wir falschen Wahrnehmungen zum Opfer. Darum sollten wir ohne Eile handeln. Wir müssen darauf bedacht sein, nicht auf der Grundlage unserer falschen Wahrnehmungen, auf der Basis von Wut und Verzweiflung zu handeln. Wenn wir das tun, zerstören wir alles.

Rechtes Verstehen

Gelingt es Ihnen als Paar, den Friedensvertrag umzusetzen, dann besteht die Hoffnung, dass Sie auch mit der anderen Gruppe einen Volksfriedensvertrag unterzeichnen können. Dazu brauchen Sie keine zwei Regierungen, sondern eine Gruppe von Israelis und eine Gruppe von Palästinensern, die sich ganz und gar für den Frieden engagieren. Viele Menschen werden Sie unterstützen, auch einige Politiker. Sie setzen sich zusammen und entwerfen einen Friedensvertrag des Volkes, der für Ihr Land, für Ihre Regierungen und für alle Völker der Welt einen hohen erzieherischen Wert hat. Sie wissen, dass viele von uns zu Ihrer Friedenskonferenz kommen werden, um Ihren Friedensvertrag kennen zu lernen. Sitzen Sie nicht da und warten, bis Ihre Regierung handelt. Sie müssen Frieden und Versöhnung *sein* – und hier und jetzt müssen Sie handeln. Wenn es Ihnen gelingt, einen Friedensvertrag zwischen sich und Ihrem Sohn, Ihrer Tochter oder Ihrem Lebenspartner zu entwerfen und Sie sich auch an diesen Vertrag halten, dann ist Frieden Realität geworden. Wenn Ihnen dies als Gruppe gelingt, haben Sie große Macht. Sie können die Herzen so vieler Menschen bewegen und sie öffnen. Sie gewinnen unsere Unterstützung und die Unterstützung vieler Menschen, die Anteil nehmen und wünschen, dass Sie Ihr eigenes Land, Ihr eigenes Zuhause haben und friedlich miteinander leben können.

Bevor Ärzte eine Diagnose stellen, untersuchen sie den Patienten sehr sorgfältig. Ehe sie eine Behandlung verordnen, testen und horchen sie, denn sonst könnte die Behandlung den Patienten töten. Auch wenn sie sich sicher sind, überprüfen sie alles noch einmal. Stimmt Ihre Wahrnehmung? Wenn Sie einer falschen Wahrnehmung zum Opfer gefallen sind, können Sie sich und den Menschen, die Sie lieben, ein langes Leiden bescheren. Israelis und Palästinenser sind vielleicht Opfer falscher Wahrnehmungen. Wir glauben vielleicht, dass die andere Seite uns nur zerstören will. Es ist aber eine Tatsache, dass jeder, jede Gruppe, die Gelegenheit haben möchte, in Frieden zu leben. Jeder weiß, dass die eine Seite keinen Frieden haben wird, wenn nicht die andere Seite auch Frieden haben kann. Diese Weisheit lebt in allen, und deshalb gibt es Hoffnung. Mit unserer Praxis wird die Hoffnung wachsen und die Verzweiflung weichen, das Mitgefühl wird wachsen und der Zorn weichen. Das ist keine abstrakte Vorstellung, sondern etwas ganz Konkretes. Ich spreche nicht in theologischen oder ideologischen Begriffen. Ich spreche aus meiner eigenen Erfahrung des Leidens, der Versöhnung, des Krieges und des Friedens. Gehen, Atmen und die Einkehr auf die Insel unseres Selbst sind sehr wichtig, damit die Hoffnung überleben kann und der Frieden eine Chance hat.

Erfahrungsberichte

Ich bin kein Einzelfall –
ein Palästinenser erzählt seine Geschichte

Seit drei Jahren sitze ich im Rollstuhl. Zuvor war ich Sportlehrer und arbeitete für den Frieden. Ich arbeitete mit meinem israelischen Geschäftspartner, israelischen Freunden und Freunden in aller Welt zusammen. Am 15. Mai 2001 kamen zwei Soldaten zu meinem Haus und schossen auf mich. Ich fiel auf den Boden und wusste nicht, was mit mir geschah. Die zwei Soldaten kamen auf mich zu und brüllten auf Hebräisch: »Steh auf, steh auf!« Einer von ihnen stieß mich mit einem Stock. Sie brüllten weiter »Steh auf, steh auf«, und das versuchte ich auch, aber es ging nicht. Ich hatte jedes Gefühl in den Beinen verloren und konnte sie auch nicht bewegen. Eine Kugel war an der rechten Schulter eingedrungen, hatte die Lunge durchschlagen und war in der Wirbelsäule explodiert. Das rief innere Blutungen hervor, von denen die Soldaten nichts sahen. Sie nahmen an, ich spielte Theater oder wollte etwas verbergen.

Es war ihnen nicht klar, dass sie mich angeschossen hatten. Meine Familie wollte mir zu Hilfe kommen und mich ins Krankenhaus bringen, aber die Soldaten ließen das nicht zu. So blieb ich eine halbe Stunde dort liegen, wo ich niedergefallen war und blutete, und die Soldaten schrieen mich weiterhin an und ließen es nicht zu, dass mir jemand zu Hilfe kam. Ich rief ihnen zu, sie sollten doch aus Menschlichkeit Hilfe zulassen, sonst müsste ich sterben. Was dann passierte, weiß ich nicht. Irgendwie muss ich ins Krankenhaus gekommen sein. Dort machte ich die Augen auf und wusste sofort, dass mein Leben sich vollkommen geändert hatte.

Ich bin in Palästina oder Israel kein Einzelfall. Ich weiß, dass dort viele Menschen leiden. Kurz bevor ich hierher kam, war ich in einem Rehabilitationszentrum. Alle Betten waren belegt, und die Warteliste war lang. Viele der Betroffenen waren Kinder – bildschöne Kinder. Eine Frage werde ich nicht los und stelle sie jedem, der sie hören will: Warum geschieht das?

Ich appelliere an alle Menschen in Europa, Amerika und überall auf der Welt – überlegen Sie sich, wie Sie uns, den Israelis und Palästinensern, helfen können, diesen Zustand der Unmenschlichkeit zu verändern.

Ein Land des Friedens schaffen –
ein Israeli spricht

Shalom, Salaam. Ich heiße Eliahu und wohne in Jerusalem. Die Geschichte des Heiligen Landes wird in zwei Versionen erzählt, und oft wird eine dieser Versionen so dargestellt, dass sie die andere ausschließt. In der Geschichte der Palästinenser wird oft die Verbindung des israelischen Volkes zum Land Israel ausgelassen, und oft streiten Israelis ab, dass die Palästinenser dort auch ihre Heimat haben und aus diesem Land hervorgegangen sind. Ich glaube, es ist unsere Aufgabe, beide Überlieferungsstränge zu einer gemeinsamen Geschichte der beiden Völker zusammenzuflechten, die dazu bestimmt und ausersehen sind, in diesem Land miteinander zu leben.

Als ich mich in Israel niederließ, kam ich nicht als Besatzer. Die politischen Bedingungen der letzten hundert Jahre ermöglichten es vielen Juden, nach Israel zurückzukehren. Aber als wir eintrafen, hatten wir eines ganz vergessen – dass in diesem Land schon ein anderes Volk seine Wurzeln hatte, nämlich die Palästinenser. In der einen Geschichte heißt das Land Palästina, in der anderen Israel. Ich glaube, dass Gott sich zwei der starrsinnigsten Völker der Welt, die Araber und die Juden, ausgesucht hat, um sie im selben Land leben zu lassen. Die Palästinenser sind dort, um den Juden eine Lehre zu erteilen, und das jüdische Volk wurde dorthin zurückgeführt, um den Palästinensern eine bestimmte Art der Weisheit mitzugeben. Letztlich müssen wir akzeptieren, dass weder die Juden noch die Palästinenser fortziehen werden. Es ist unsere Heimat, und wir müssen einen Weg finden, in Frieden und Harmonie miteinander zu leben. Vielleicht muss das vorübergehend in zwei getrennten Staaten geschehen, aber ich glaube, wir müssen auf ein gemeinsames Ideal, ein gemeinsames Ziel zuarbeiten, damit wir ohne Zäune zusammenleben können. Schließlich gehört das Land weder Palästina noch Israel, sondern es ist Teil der Erde, es gehört Gott und ist für uns alle da.

111

Alle Politik der Unterdrückung ist Ausdruck der Saat der Angst, des Hasses und des Nichtverstehens. Darin liegt die eigentliche Wurzel dessen, was man im palästinensisch-islamischen Kulturkreis als »Sheitan« bezeichnet. Das ist die Macht des Negativen – der Geist, der stets verneint. Diese Macht regiert, und nicht Scharon oder Arafat. Die wahren Feinde sind Wut und Angst. Die Mauer, die zwischen den beiden Völkern gebaut worden ist, symbolisiert diese Angst. Um diese Mauer niederzureißen, müssen wir die Furcht aus den Herzen der Menschen vertreiben. Bei Terroranschlägen auf Busse habe ich in Israel mehrere Freunde verloren, und ich habe auch viele palästinensische Freunde, die unendlich leiden müssen. In unserer Vision muss es darum gehen, wie wir zusammen leben können und die Samen des Mitgefühls, der Liebe, der Barmherzigkeit und des Verstehens nähren können. Ist diese Saat erst einmal in unseren Herzen und denen der Palästinenser aufgegangen, ist auch eine Lösung möglich.

Viele meiner Freunde sind Siedler, andere Soldaten, und viele meiner Freunde sind Palästinenser. Zu meiner Familie gehört die Hamas ebenso wie der Flügel der israelischen Rechtsradikalen – wir gehören alle zur selben menschlichen Familie. Viele von uns sind krank und bedürfen dringend der Heilung. Wir sind zwei tief verwundete Völker, die in demselben Land leben. Um eine Änderung zu bewirken, müssen wir die tiefe Wunde des israelischen Volkes heilen, die sich in der Unterdrückung der Palästinenser äußert. Wir müssen auch die tiefen Wunden der Palästinenser heilen und sie Gleichheit und Gerechtigkeit erfahren lassen. Es ist unsere Bestimmung, in demselben Land zu leben, und niemand wird es verlassen. Ich möchte erklären, dass wir als Israelis und Pa-

112

lästinenser die Absicht haben, hier gemeinsam einen Neuanfang zu machen und miteinander Frieden, Harmonie und Verstehen neu aufbauen wollen. Wenn uns das gelingt, lassen sich die politischen Probleme lösen. Wenn ich nach Jerusalem zurückkehre, werde ich das in Plum Village Gelernte weiterverbreiten. Wir sind zwei geschlagene und verwirrte Völker und brauchen Ihre Hilfe, um Heilung, Wandlung und Versöhnung zu bewirken. Das Land, aus dem wir alle kommen, soll man nicht mehr ein Land des Krieges nennen, sondern bei dem Namen, der ihm recht eigentlich zukommt – Land des Friedens. Dies können wir nicht allein schaffen.

In unserer jetzigen Lage können wir alle nur verlieren, und wenn wir uns nicht unserer Wunden annehmen, werden sie an die nächste Generation weitergeben. Wir hoffen, dass mit unserer Arbeit hier die Samen für eine Fortsetzung des Heilungsprozesses ausgesät wurden. In dieser Arbeit liegt die Chance, eine Wandlung auf individueller Ebene zu bewirken, die dann zu einer Wandlung der Gesellschaft führen kann.

Kapitel 5
Wut und Versöhnung

Es war einmal ein Berg, auf dem viele Götter lebten. Die Götter waren sehr glücklich. Es sah nicht so aus, als ob sie irgendetwas zu tun hätten. Sie verbrachten viel Zeit damit, nur zu sitzen und zu gehen. Auf dem Berg entsprang ein wunderbarer Bach, dessen Wasser klar und durchsichtig war. Es schien, dass jeder, der von dem Wasser trank, sich leicht und befreit fühlte und Empfindungen wie Begehren oder Wut verschwanden. Entlang des Baches wuchsen viele Kirschbäume, die während des ganzen Jahres blühten, und Kirschblüten, die ins Wasser fielen, wurden von der Strömung davongetragen. Einige von ihnen machten eine lange Reise, bis zu einer Stadt, die am Fuße des Berges lag.

In dieser Stadt lebte ein Mann, der so stark litt, dass er sterben wollte. Eines Tages entdeckte der Mann ein Kirschblütenblatt und er beschloss, dem Bach bis zu dessen Quelle zu folgen. Er sagte sich selbst, dass er sie finden würde, selbst wenn es viele Jahre dauern sollte. Nach vielen Jahren erreichte er den Götterberg. Er begegnete den Göttern und sie luden ihn ein, näher zu kommen, sich an das Ufer zu setzen, niederzuknien, mit den Händen Wasser zu schöpfen und davon zu trinken. Nachdem er getrunken hatte, fühlte er, dass alle seine Wünsche verschwanden, sogar sein Verlangen nach Heilung und Transformation. Er fühlte sich sehr müde; er wollte nichts mehr, außer alles aufzugeben und loszulassen. Er legte sich am Rand des Baches nieder und fiel in einen sehr tiefen Schlaf. Während er schlief, wirkte das Wasser in seinem Körper und Geist weiter, transformierte und reinigte beide. Da der Mann sich gestattete, tief zu ruhen, verlief der Heilungs- und Verwandlungsprozess für ihn sehr leicht. Es gab überhaupt nichts, was der Mann tat. Er hatte sich in der Nähe des Flusses niedergelegt und dem Wasser, von dem er getrunken hatte, erlaubt, seine Wirkung zu tun. Einige der Götter kümmerten sich um ihn. Sie nahmen aus dem Fluss zwei kleine Kieselsteine, die wie Katzenaugen aussahen, kehrten zu dem am Ufer schlafenden Mann zurück und ersetzten seine Augen durch die beiden Kieselsteine. Von nun an besaß er neue Augen.

Der Schlaf des Mannes währte lange Zeit. Nach einer Woche wachte er schließlich auf. Er war sehr überrascht. Er setzte sich auf und betrachtete den Himmel und die Bäume. Niemals zuvor hatte er sie auf diese Weise wahrgenommen. Bei seiner Ankunft waren der Himmel und die Bäume bereits da gewesen, aber er hatte sie nicht in der gleichen Weise gesehen wie jetzt, da er neue Augen hatte. Tatsächlich hatte sich alles in ihm verwandelt. Er besaß neue Knochen, ein neues Herz, neue Eingeweide – er war vollkommen erneuert worden. Er fühlte sich, als ob er einer der Götter geworden wäre und er wollte nicht mehr nach Hause zurückkehren. Er sprach zu den Göttern: »Ich möchte nicht mehr heimkehren. Ich möchte hier bei euch bleiben.« Einer der Götter erwiderte: »Du musst nach Hause zurückkehren und den Menschen dort helfen.« Darauf entgegnete der Mann: »Wenn ich heimkehre, werde ich nur einsam sein. Ich komme mit der Situation dort nicht zurecht. Es ist so

schwierig. Nein, ich will niemals zu diesem Ort zurückkehren.« Da sprach der Gott: »Nun, wenn du heimge-
kommen bist, wirst du die Dinge nicht mehr in dersel-
ben Weise wie in der Vergangenheit wahrnehmen. Du
wirst den Himmel sehen, du wirst die Bäume sehen, die
Häuser und die Menschen, aber sie werden nicht mehr
so aussehen wie früher. Es ist wie als du zum ersten Mal
hier an diesen Ort kamst. Damals sahst du den Himmel
und die Bäume, aber jetzt, nach einer Woche, nimmst
du wirklich den Himmel wahr, siehst du wirklich die
Bäume. Habe keine Angst, nach Hause zu gehen. Mit
deinen neuen Augen, deiner neuen Lunge und deinen
neuen Knochen wirst du die Dinge anders sehen und du
wirst nicht leiden müssen. Weißt du was? Wenn du zu-
rückgehst, wirst du uns dort sehen. Wir sind nicht nur
hier, wir sind auch dort unten bei dir.«

Der Mann verstand. Er verabschiedete sich von den Göttern, vom Berg und dem Bach, und er begann seinen
Weg zurück nach unten. Diesmal benötigte er nicht mehrere Jahre wie auf dem Hinweg; es dauerte lediglich einen Morgen, dorthin zurückzukehren. Die Götter hatten
Recht. Als er als neuer Mensch nach Hause kam, war die
Situation für ihn nicht mehr so schwierig und verzweifelt, wie er es damals empfunden hatte. Er konnte mit
Mitgefühl und Klarheit schauen; sein Herz war offen
und er war fähig, Menschen auf eine neue Art zu sehen.

Er fühlte Mitgefühl in sich aufsteigen, weil er erkannte,
dass so viele Menschen in Vorstellungen, Ideologien, in
Religion und Kultur gefangen waren und dass darin die
Ursache dafür lag, dass ihre wahre menschliche Natur
nicht zu sehen war. Aber jetzt, seit er ein freier Mensch
war, konnte er in allen Menschen deren wahre Natur

erkennen. Deshalb fühlte er sich nicht mehr ärgerlich oder enttäuscht, wenn er sie ansah oder ihnen zuhörte, und mit seinem Lächeln konnte er ihnen helfen, ihre Situation zu verändern. Ihm wurde bewusst, dass er nicht allein war. Die Götter, denen er auf dem Berg begegnet war, waren bei ihm, um ihm zu helfen und ihn zu begleiten.

Das ist eine gute Geschichte, weil der Mann sieben Tage auf dem Berg verbringen konnte und sich die Erlaubnis gab, Heilung und Verwandlung geschehen zu lassen, indem er das Wasser des Mitgefühls trank. Er tat während seines Aufenthaltes auf dem Berg nichts Besonderes. Er praktizierte nicht – er praktizierte das Nicht-Praktizieren. Er gestattete sich einfach, sich vom Berg, dem Bach und den Bäumen umarmen zu lassen. Auf diese Weise konnte er sich erneuern. Er erhielt neue Augen, neue Ohren, neue Knochen und ein neues Herz. Wäre er nur auf dem Berg gewesen, um nach Ideen und Antworten zu suchen, die er nach Hause hätte bringen können, dann hätte er nicht mit Mitgefühl und ohne Angst nach Hause zurückkehren können. Er hatte sich nicht auf den Weg gemacht, um Theorien, Ideologien, Taktiken oder Strategien zu finden. Er hatte die Absicht, sich zu erneuern und er gab sich die Erlaubnis, dies geschehen zu lassen. Als er nach Hause ging, hatte er nicht zu Lehren, Übungen oder Antworten Zuflucht genommen Er kehrte einfach zurück, vollkommen erneuert.

Es kann Ihnen niemand eine Antwort darauf geben, wie Sie Ihre persönlichen Beziehungen oder Ihre Beziehungen zu der Sie umgebenden Welt verändern können. Wenn Sie Ihre Augen und Ihr Herz verwandelt haben, brauchen Sie nichts anderes. Sie benötigen keine bestimmte Form der Übung oder Strategie. Finden Sie einen Bach, trinken Sie das Wasser, ruhen Sie und erlauben Sie dem Wasser, in Ihnen seine Wirkung zu tun.

Als Menschen gleichen wir uns vollkommen

Manchmal ist es einfacher, wütend zu sein, als über das eigene Leiden zu sprechen. Die Israelis denken, dass sie keine Araber wären, aber sie sind ihnen sehr ähnlich. Sie sind alle menschliche Wesen. Sie wollen nicht sterben und sie möchten in Sicherheit leben. Sie wollen Brüderlichkeit, Schwesterlichkeit und Frieden. Begriffe wie »Buddhist«, »Christ«, »Jude« oder »Moslem« trennen uns voneinander. Wenn wir einen dieser Ausdrücke hören, entsteht eine Vorstellung in uns und wir fühlen uns entfremdet, wir sind nicht miteinander verbunden. Wir haben viele Strukturen geschaffen, die uns voneinander trennen und uns leiden lassen. Aus diesem Grund ist es so wichtig, dass wir dazu in der Lage sind, in der anderen Person das Menschliche zu sehen und der anderen Person dabei zu helfen, das Menschliche in uns zu erkennen. Als Menschen gleichen wir uns vollkommen. Wenn Sie viele Schichten von Kleidungsstücken übereinander tragen, wird es anderen Menschen schwer fallen, Sie als menschliches Wesen zu erkennen. Sich als »Buddhist« zu bezeichnen, kann ein Nachteil sein, denn wenn Sie diese Bezeichnung tragen, hindert dies andere möglicherweise daran, den Menschen in Ihnen zu sehen. Wenn Sie sich beispielsweise als Moslem bezeichnen, wenden sich vielleicht viele von Ihnen ab, weil sie in bestimmten Begrifflichkeiten und Vorstellungen gefangen und nicht dazu fähig sind, einander als menschliche Wesen zu begreifen. Das ist ein Unglück. Aus diesem Grund sprach Meister Lin Chi davon, dass wir all diese Hindernisse verbrennen sollten – zerstören und vernichten.[6] Darin besteht die wahre Praxis – alles zu verbrennen, damit das Wesen des Menschen zum Vorschein kommen kann. Das ist Arbeit für den Frieden.

Im Jahr 1963 saß ich mit einigen Studenten auf dem Campus der Columbia-Universität in New York. Es war ein wunderschöner Morgen, die Sonne schien und wir sprachen über die buddhistische Praxis der Auflösung von Vorstellungen. Plötzlich hielt einer der Vorübergehenden an, schaute mich einige Sekunden lang an und fragte: »Sind Sie Buddhist?« Ich sah auf und antwortete: »Nein.«

Hatte ich gelogen? Ich hoffe, dass mich meine Schüler damals verstanden haben. Hätte ich geantwortet: »Ja, ich bin Buddhist«, wäre er weiter in seinen Vorstellungen, was ein Buddhist ist, gefangen geblieben und dies hätte ihm nicht geholfen. Deshalb war »Nein« hilfreicher als »Ja«. Das ist die Sprache des Zen. Sie sagen oder tun etwas, damit sich die Knoten im Geist der anderen Person auflösen und nicht noch fester zuziehen. Aus diesem Grund sollten wir die Sprache dazu verwenden, andere zu befreien.

Wenn wir den Palästinensern und dem, was sie über ihr Leiden berichten, zuhören, dann können wir sie verstehen, weil auch wir gelitten haben. Wir wollen nicht unser Leiden mit ihrem vergleichen, sondern wir erkennen die Wirklichkeit des Leidens an. Das ist die Erste Edle

6 Meister Lin Chi war ein chinesischer Zen-Meister im 9. Jahrhundert. Er begründete eine eigene Schule des Ch'an-(Zen)-Buddhismus, die in Japan »Rinzai« und in Vietnam »Lam Te« genannt wird.

Wahrheit: Leiden existiert. Aber natürlich haben wir den Wunsch, Leiden auch zu beenden.

Würde jemand sagen: »Wir leiden. Wir sind das Opfer der anderen geworden. Bist du auf unserer Seite? Wirst du uns im Kampf gegen jene unterstützen, die unser Leiden verschuldet haben?«, dann wäre eine Antwort darauf sehr schwierig. Sie fühlen sich den anderen nahe, Sie verstehen ihr Leiden so gut, aber wenn Sie darum gebeten würden, sie im Kampf gegen jene zu unterstützen, die sie für ihre Feinde halten, dann werden Sie zögern, weil Sie darum wissen, dass dieser Weg, die Probleme anzugehen, seit vielen Jahren beschritten worden und doch erfolglos geblieben ist. Die Betroffenen erhielten in diesem Kampf sowohl von innerhalb als auch außerhalb Unterstützung, aber der Versuch, ihre Feinde zu vernichten, brachte nicht nur keine Fortschritte, sondern vergrößerte das Leiden noch.

Deshalb würde ich zögern zu sagen, dass ich auf Ihrer Seite bin, Sie von ganzem Herzen unterstütze und alles unternehmen werde, um das Sie mich bitten. Stattdessen würde ich zurückfragen: »Ich bin bereit, Partei für Sie zu ergreifen, aber sind auch Sie bereit, sich auf meine Seite zu stellen? Ich bin ein Mensch wie Sie. Wissen Sie, was es bedeuten würde, auf meiner Seite zu sein? Partei für mich zu ergreifen bedeutet, mit mir darin übereinzustimmen, dass Leiden beendet werden muss. Ich teile Ihre Meinung, dass wir etwas tun müssen, aber nicht hinsichtlich der Art und Weise. Ich möchte, dass meine Handlungen in Mitgefühl wurzeln und nicht in Ärger, Gewalt und Herabsetzung. Wenn Sie auf meiner Seite sind, dann werde ich auch hundertprozentig auf Ihrer Seite sein.«

Wenn Sie jemandem helfen wollen, dann müssen Sie dies von ganzem Herzen wollen. Ohne die Qualitäten der Weisheit und des Mitgefühls, die in Ihnen wohnen, werden Sie der anderen Person nicht wirklich helfen können. Wenn ich für Sie Partei ergreife, bedeutet dies nicht, dass ich Sie darin unterstütze, einen Zaun zu bauen, eine Stadt zu zerstören oder mit einer Bombe einen Bus zu besteigen, um mit ihr die Passagiere in die Luft zu sprengen. Auch wenn ich Ihr Leiden und Ihre Sehnsucht, dieses Leiden zu beenden, von ganzem Herzen verstehe, ist es mir nicht möglich, Ihnen auf eine derartige Weise zu helfen. Ich glaube daran, dass es viele andere Möglichkeiten gibt, Ihr Leiden und das derjenigen, die von Ihnen als Feinde angesehen werden, zu beenden. Es gibt einen Weg, und er liegt sehr klar vor mir. Wir müssen aufhören, die Gifte der Verzweiflung, des Ärgers und der Gewalt in uns zu nähren. Sonst werden wir weiter leiden und niemandem nutzen.

Deshalb ist es wichtig, dass wir zu jenem Berg gehen, die Erde berühren und es dem Wasser des Mitgefühls gestatten, uns zu reinigen und von den Giften zu befreien. Auf diesem Berg bitten wir die Götter nicht darum, uns im Kampf gegen unsere Feinde beizustehen, sondern wir gestatten ihnen, uns vom Gift der Gewalt, Angst, Verzweiflung und Wut zu heilen. Dann, als ein neuer Mensch, kann ich vielen anderen helfen, weil ich über Verstehen, Mitgefühl, Ruhe und Festigkeit verfüge.

Beiden Seiten wurde Unrecht getan. Die Palästinenser haben so viel Leid erfahren müssen. Und wenn wir der israelischen Seite zuhören, dann können wir erkennen, dass auch sie gelitten hat. Dies ist eine Tatsache, und wir müssen sie uns vollkommen bewusst machen. Sobald

Mitgefühl in unserem Herzen geboren wird, beginnen wir das Gift der Wut, der Herabsetzung, des Hasses und der Verzweiflung zu transformieren. Aus diesem Grund besteht der einzige Weg darin, uns von diesen Giften zu befreien und Einsicht und Mitgefühl in uns wachsen zu lassen. Dann ist es möglich, dass wir einander als menschliche Wesen ansehen und uns nicht von Bezeichnungen wie »Buddhismus«, »Islam«, »Judentum«, »pro-amerikanisch«, »pro-arabisch« usw. in die Irre führen lassen. Indem wir uns von unserer Ignoranz, unseren Vorstellungen, Begrifflichkeiten und der Neigung, andere zu verurteilen, befreien, unterstützen wir den Friedensprozess. Sobald ich Sie als ein leidendes menschliches Wesen ansehe, dann werde ich nie dazu in der Lage sein, auf Sie zu schießen. Vielmehr werde ich Sie darum bitten, mit mir zusammenzuarbeiten, um ein friedliches Zusammenleben zu ermöglichen.

Es ist wirklich traurig – auf dieser wunderbaren Erde gibt es ausreichend Raum für uns alle und trotzdem töten wir einander.

Unterschiedliche Formen von Macht

Im Konflikt zwischen Israelis und Palästinensern scheint keine Lösung in Sicht zu sein. Offensichtlich sind die Machtverhältnisse ungleich verteilt, da Israel über größeren politischen Einfluss verfügt, Nuklearwaffen besitzt und von den Vereinigten Staaten unterstützt wird. Wir können uns von diesen Tatsachen täuschen lassen. Während des Vietnamkrieges galten die USA als stärkste Kraft und Vietnam wurde als ein winziges Land angesehen, das nicht über annähernd so viele Waffen,

Technologien und Geldmittel wie die Vereinigten Staaten verfügte. Trotzdem waren die USA gezwungen, sich aus Vietnam zurückzuziehen. Wir sollten uns unserer Sache nie vollkommen sicher sein. Angenommen, die Palästinenser wären untereinander weniger zerstritten, sondern würden auf eine freundliche, angemessene und harmonische Weise miteinander sprechen und sich gegenseitig wie Brüder und Schwestern behandeln. Sie könnten dann eine Form des Verstehens kultivieren, die ihnen dabei helfen würde, an Stärke zu gewinnen, sich selbst zu beschützen und einen eigenen Staat zu bilden; die Weltgemeinschaft würde sie in ihrem Streben nach Autonomie unterstützen. Ich glaube nicht, dass wir über viel Macht verfügen müssen. Glauben Sie nicht, dass die äußeren Faktoren wichtiger seien als die inneren. Sie würden einen großen Fehler begehen! Wenn wir zu uns selbst zurückkehren und uns so verändern, dass mehr Harmonie und Frieden in uns ist, dann erhalten wir eine Macht, die nichts mit Waffen, Technologien und Armeen zu tun hat.

Stellen Sie sich eine zehnköpfige Familie vor. In dieser Familie gibt es zwei Brüder, die miteinander im Streit liegen. Wie würden sich die übrigen Familienmitglieder verhalten? Die beiden Brüder sind so wütend aufeinander, dass sie in der Lage wären, einander zu töten. In diesem Fall werden Sie nicht einfach daneben stehen und es den beiden erlauben, sich gegenseitig umzubringen, denn Sie wissen, einer von beiden wird sterben. Wird ein Mitglied einer Familie getötet, dann leidet die gesamte Familie. Die beiden Brüder haben jede Beherrschung verloren und sind so wütend, dass sie über keinerlei Klarheit mehr verfügen. Ihr einziger Wunsch ist, einander zu verletzen und zu töten.

Würde sich nun ein Familienmitglied auf die Seite eines der Brüder stellen, dann hätte dies wahrscheinlich zur Folge, dass ein anderes für den zweiten Bruder Partei ergreifen würde. Von außen gesehen, scheint es deswegen alles andere als weise zu sein, sich auf die Seite einer der Konfliktparteien zu schlagen. Meiner Ansicht nach ist der vernünftigere Weg, die Brüder zu trennen und davon abzuhalten, gegeneinander zu kämpfen. Wenn Sie herbeieilen und versuchen würden, die beiden festzuhalten, dann würden Sie heftigem Widerstand begegnen, denn die beiden Kontrahenten haben kein anderes Ziel, als sich gegenseitig zu töten.

Was unternimmt die internationale Staatengemeinschaft in dieser Situation? Offenbar tut sie sehr wenig und scheint alles den Vereinigten Staaten zu überlassen. Amerika ist wie der große Bruder innerhalb der Menschheitsfamilie. Er neigt dazu, alles selbst in die Hand nehmen zu wollen und den anderen Familienmitgliedern nicht zu erlauben, gleichfalls zu Hilfe zu eilen. Er möchte sich allein um den Irak und den Nahen Osten kümmern. Ich bin der Auffassung, dass die Vereinten Nationen einer Familie vergleichbar zusammenkommen und gemeinsam und sofort die Gewalt im Nahen Osten beenden sollten.

Die UNO könnte eine aus mehreren Nationen zusammengesetzte Friedenstruppe entsenden, um weitere Auseinandersetzungen und Gewalt zu verhindern. Dies ist als eine Form der Notwehr dringend geboten. Es hat so viel Verzweiflung zur Folge, wenn im Falle einer Auseinandersetzung die übrigen Familienmitglieder lediglich dasitzen, nichts unternehmen und es einem Land überlassen, sich um alles zu kümmern. Gibt es in einer Familie Probleme, dann ist es Aufgabe der ganzen Familie, nach einer Lösung zu suchen. Aus diesem Grund sollten unsere Brüder und Schwestern im Nahen Osten ihren Widerstand aufgeben und der Hilfe durch die Menschheitsfamilie ihre Zustimmung erteilen. Die Amerikaner und andere Staaten müssen sich den Tatsachen stellen. Die UNO kann eine Vollversammlung einberufen und den Beschluss fassen, dass die Lösung der Konflikte im Irak und im Nahen Osten Aufgabe der internationalen Staatengemeinschaft ist. Der Sicherheitsrat sollte sein Hauptaugenmerk auf mögliche Maßnahmen richten, die geeignet sind, die Gräuel im Nahen Osten sofort zu beenden. Es gibt hier viele Möglichkeiten. Meiner Meinung nach sollten wir in die Organisation der Vereinten Nationen stärker investieren und uns dafür stark machen, dass die UNO zu einer effektiven Organisation wird, die wirksame, den Frieden sichernde Maßnahmen ergreifen kann. In ihrem gegenwärtigen Zustand fehlt es der UNO dazu an Autorität und Mitteln.

Viele von uns leiden, weil wir uns hilflos fühlen. Es hat den Anschein, dass wir nichts gegen die Grausamkeiten im Nahen Osten tun können, weil die Regierungen unserer Länder zur Passivität verurteilt scheinen, obwohl sie über einen Sitz in den Vereinten Nationen verfügen. Als Bürgerinnen und Bürger müssen wir unsere Stimme erheben. Es spielt keine Rolle, ob Sie Jüdin oder Moslem, Buddhistin oder Christ sind, wir sollten uns als Mitglieder einer gemeinsamen Familie betrachten und ihr erlauben, uns zu helfen.

Der wahre Feind

Möglicherweise ist Ihnen aufgefallen, dass ich bislang noch nicht über »Vergebung« gesprochen habe. Meiner Meinung nach ist jeder von uns in irgendeiner Form ein Opfer. Wenn Sie nicht das Opfer von diesem sind, dann sind Sie das Opfer von etwas anderem. Spüren Sie beispielsweise, wie Ärger und Verzweiflung in Ihnen aufsteigen, dann sind Sie das Opfer Ihres Ärgers und Ihrer Verzweiflung, weil Sie sehr darunter leiden. Es ist wahr, dass der Bau einer Mauer oder die Detonation einer Bombe Leiden verursacht, aber unter der Existenz von Wut und Verzweiflung leiden wir manchmal sogar mehr. Wir können das Opfer von anderen sein, aber auch das Opfer von uns selbst. Wir neigen zu der Überzeugung, dass unsere Feinde außerhalb von uns existieren, aber sehr oft sind wir selbst unsere schlimmsten Feinde, weil wir unseren Körper und Geist schädigen. Einige Menschen befinden sich in einer sehr schwierigen Lage, sind jedoch nicht das Opfer ihrer eigenen Wut und Verzweiflung; aus diesem Grund leiden sie weniger als andere Menschen, die sich in einer ähnlichen Situation befinden. Sie besitzen genügend Klarheit und sind deshalb in der Lage, effektive Schritte zur Veränderung ihrer Situation zu unternehmen.

Auch Mitglieder von Regierungen können Opfer sein – Opfer ihres Ärgers, ihrer Frustration und ihrer Vorstellungen von Frieden und Sicherheit. Sie sind Gefangene ihrer Idee, dass Vergeltung die andere Seite dazu bringen würde, ihre Gewalttätigkeiten zu beenden. Sie sind immer noch davon überzeugt, dass Gewalt und Bestrafung die einzigen Mittel seien, den Widerstand der anderen Seite zu brechen. Deshalb hilft es nicht nur ihnen, wenn wir sie dabei unterstützen, die Hindernisse in ihrem Geist zu überwinden, sondern jedem von uns. Ich schlage vor, dass wir alle tief in uns hineinschauen, um den wahren Feind zu erkennen. Für mich ist dieser Feind unsere Art zu denken, unser Ärger und unsere Verzweiflung.

Israelis und Palästinenser, aber auch ihre jeweiligen Regierungen sind das Opfer ihrer eigenen Vorstellungen und Emotionen. Die Übung, die wir in Plum Village empfehlen, besteht darin, nicht gegen Menschen zu kämpfen, sondern gegen den wahren Feind in uns. Wenn Sie jemandem helfen wollen, der an Tuberkulose erkrankt ist, dann zerstören Sie die krankheitsauslösenden Bakterien und nicht den Kranken. Wir alle sind Opfer einer Art von Bakterium, das wir Gewalt bzw. falsche Wahrnehmung nennen können. In Plum Village haben wir die Möglichkeit, uns gemeinsam hinzusetzen, den wirklichen Feind in uns zu identifizieren und nach Wegen und Mitteln zu suchen, um ihn zu überwinden. Solange wir noch von Ärger, Angst und Verzweiflung beherrscht werden, fehlt uns die notwendige Klarheit und Ruhe, um richtige und wirkungsvolle Wege zu finden, wahren und dauerhaften Frieden zu schaffen.

Im Jahr 1966 reiste ich für eine Vortragsreise in die USA, um den Amerikanern vom Leid der Vietnamesen zu berichten. An einem Tag sprach ich vor vielen Menschen in New York, als plötzlich ein junger Mann aufsprang und mich anschrie: »Warum sind Sie hier? Sie sollten in Vietnam sein und gegen die amerikanischen Imperialisten kämpfen!« Er hatte den Wunsch, dass die Amerikaner in Vietnam besiegt werden sollten. Er wollte von mir, dass ich eine Waffe in die Hand nehmen sollte, um amerikanische Soldaten zu töten. Aber aus meiner Sicht waren auch die amerikanischen Soldaten in Vietnam Opfer. Nicht sie waren die wahren Feinde, sondern die Politik, die in Washington gemacht wurde. Ich lächelte den aufgebrachten jungen Mann an und sagte: »Wissen Sie, ich glaube, dass die Ursache des Krieges hier in Washington zu suchen ist und aus diesem Grund bin ich hier.«

Ich möchte Sie dazu einladen, tief zu schauen, um den wahren Feind zu erkennen. Er ist niemals eine bestimmte Person. Unser wahrer Feind besteht in einer bestimmten Art des Denkens und sie ist es, die so viel Leiden auf der Welt verursacht. Wir sollten die Gelegenheit nutzen, zu sitzen und ruhig zu werden, um den wahren Feind in uns zu erkennen und nach Wegen zu suchen, ihn zu überwinden.

Erfahrungsberichte

Mein Bruder schweigt –
die Geschichte einer israelischen Frau

Ich bin nicht als eine Vertreterin der Regierung Scharons hier. Ich bin hier als Mutter, Großmutter, Tochter und als Schwester. Meine Geschichte hängt eng mit dem seit siebzig Jahren andauernden Konflikt zwischen Juden und Arabern zusammen. In den Jahren 1921 und 1929 gab es Unruhen und Ausschreitungen in Hebron und Jerusalem, wobei das große Geschäft meines Vaters vollkommen niederbrannte und fast sein gesamtes Eigentum zerstört wurde. 1936 wurde mein Schwager getötet, der zu dieser Zeit Mitglied der »Haganah« war, einer militärischen Organisation zum Schutz der jüdischen Siedlungen. Er hinterließ meine Schwester und zwei kleine Kinder ohne jegliche Unterstützung. Die Situation war für sie sehr schwierig. Während des Krieges im Jahr 1948 verlor ich meine Mutter und zwei meiner Brüder im Laufe von fünf Monaten. Einer der Brüder hinterließ ein Baby und dieses Baby wurde später, als Erwachsener, während des Krieges im Jahr 1967, verwundet. 1983 passierte uns eines der entsetzlichsten Dinge. In diesem furchtbaren Krieg erfror einer meiner Cousins als Soldat während einer militärischen Übung.

In den letzten Jahren wurden einige meiner Enkel zum Militärdienst eingezogen. Dies war sehr schmerzhaft für mich. Mein jüngster Enkelsohn ging zur Militärverwaltung und sagte: »Ich bin bereit etwas zu tun, aber ich möchte keine Waffe tragen. Ich will kein Gewehr in die Hand nehmen.« Als er nach Hause kam, trug er zwar noch eine Uniform, aber fühlte sich gedemütigt und verletzt. Sie hatten ihn nach Hause geschickt, weil sie nicht dazu bereit gewesen waren, ihm eine andere Arbeit zu geben, bei der er keine Waffe hätte tragen müssen. Trotzdem hatte er noch einige Freunde in der Armee. Eines Tages war ich mit einigen von ihnen zusammen. Sie erzählten, dass einer von ihnen im Dienst Selbstmord begangen hatte. Ich sagte zu meinem Enkelsohn: »Ich bin stolz auf dich; fühle dich nicht gedemütigt. Du warst sehr mutig, als du sagtest, dass du nicht dazu bereit wärest, eine Waffe zu tragen, weil dies nicht deiner inneren Überzeugung entspricht. Auf diese Weise hast du nicht nur dich selbst, sondern auch viele andere Menschen geschützt. Dein Verhalten verdient meinen ganzen Respekt. Ich danke dir.«

Nachdem damals mein Enkel so gedemütigt und verletzt nach Hause gekommen war, schrieb seine jüngere
Schwester in der Schule folgendes Gedicht:

Mein Bruder kehrt aus der Armee nach Hause zurück
und er schweigt.
Du stellst ihm Fragen und er schweigt.
Du umarmst ihn und er schweigt.
Du gibst ihm einen Kuss und er schweigt.
Du schenkst ihm Stille und er weint.

Kapitel 6
Frieden ist möglich

Mit sechzehn Jahren wurde ich als Novize ordiniert. Schon als kleiner Junge wusste ich, dass ich Mönch werden wollte, aber meine Eltern lehnten meinen Wunsch ab. Vier Jahre brauchte ich, um sie zu überzeugen. Ich versuchte, sehr freundlich, gehorsam und nett zu sein und schließlich bekam ich ihre Erlaubnis.

Ich wollte Mönch werden, weil ich daran glaubte, dass Meditation und der Buddhismus mir Frieden schenken und mir dabei helfen würden, mein eigenes Leiden zu verwandeln und so auch meinem Land zu helfen. Vietnam war zu dieser Zeit von den Franzosen besetzt. Es gab zwar eine vietnamesische Regierung, aber sie hatte keinen wirklichen Einfluss. Die französische Regierung hatte dagegen die Macht im Norden, im Zentrum und im Süden des Landes. Ich hatte gelernt, dass es in der Geschichte Vietnams Zeiten gegeben hatte, in denen der Buddhismus dazu beigetragen hatte, die Besatzung durch die Chinesen abzuwenden. Sie überfielen mehrfach das Land, aber die Buddhisten hatten den Wiederaufbau ermöglicht, das Volk geeint und die Besatzer aus dem Norden vertrieben. Im zwölften und dreizehnten Jahrhundert erlebte der Buddhismus eine große Blütezeit und es gab sogar einen König, der sich als buddhistischer Mönch ordinieren ließ. Alle Mitglieder des Kabinetts nahmen die Fünf Achtsamkeitsübungen an und auch das Volk praktizierte sie. Aufgrund dieser starken Eintracht, die unter den Menschen herrschte, war es möglich gewesen, die eigentlich überlegenen Mongolen zu vertreiben. Diese hatten China und viele andere Länder besetzt, selbst bis nach Europa waren sie vorgedrungen, aber in Vietnam scheiterten sie. Als die Chinesen kamen und Vietnam viele Jahre lang besetzt hielten, konnten wir unsere Unabhängigkeit letztlich zurückgewinnen, weil unser Volk eine Einheit bildete.

Als ich jung war, herrschten in Vietnam Unterdrückung, soziale Ungerechtigkeit und Korruption. Die Regierung hatte korrupte Beamte eingesetzt, die in den Dörfern und Städten das Sagen hatten. Ich dachte, dass der Buddhismus diese Situation ändern könnte. Als ich dann Novize wurde, empfand ich den Buddhismus als sehr altmodisch und weltfremd. Seine letzte Erneuerung lag lange zurück. Deshalb war er nicht in der Lage, geeignete Praxisformen und Antworten anzubieten, die unseren persönlichen und sozialen Problemen gerecht werden konnten.

Der Klang der steigenden Flut

Ich hatte die Hoffnung, dass der Buddhismus dazu beitragen könnte, uns zu befreien und unser Volk zu einen, aber die in den Lehren enthaltenen Übungen waren nicht konkret genug, um uns dabei zu helfen, in Harmonie zu leben, an Stärke zu gewinnen, den Abzug der Franzosen zu bewirken und die herrschende soziale Ungerechtigkeit zu beseitigen. Ich war der Meinung, dass wir den Buddhismus erneuern müssten, damit er uns heutigen Menschen helfen könnte. Ich glaube, dass dies

134

auch für das Christentum, das Judentum und den Islam
gilt. Wenn wir sie nicht weiterentwickeln, dann werden
sie uns keine konkreten Wege aufzeigen können, um
Eintracht und soziale Gerechtigkeit zu erreichen und
Krieg zu verhindern.

Als Mönch war ich eine Art Revolutionär, obwohl ich
nicht gerade wie ein Unruhestifter aussah. Eine erste
Aktion bestand in der Veröffentlichung eines Rund-
schreibens am Institut für Buddhismus, in dem wir unsere Ideen und Vorstellungen bezüglich der Notwendig-
keit einer Erneuerung der buddhistischen Lehren und
Praxisformen darlegten, und unsere Hoffnung zum Ausdruck brachten, dass dies dazu beitragen könnte, Antworten auf die sozialen, familiären und politischen Fragen unserer Zeit zu finden. Damals besaßen wir keinerlei
Vervielfältigungsmaschinen. Jeder der dort studierenden
Mönche schrieb einen Artikel, den wir zusammen mit
den anderen zu einem Rundbrief zusammenfassten. Der
Titel dieses Heftes lautete *Der Klang der steigenden Flut.*
Wir waren sehr ehrgeizig, denn wir hatten die Absicht, selbst diese steigende Flut zu sein. Die Zeitschrift
ging von Hand zu Hand und jeder im Institut für
Buddhismus las sie. Alle waren sehr aufgeregt, weil die
dort formulierten Ideen neu, erfrischend und inspirie-
rend waren. Einige der Lehrer waren auf unserer Seite,
andere waren der Meinung, dass wir gefährlich seien
und verboten die Zeitschrift.

Letztlich erkannten wir, dass es schwierig sein würde,
Veränderungen innerhalb des Instituts zu bewirken, da
es bereits eine lange Zeit existierte. Deshalb beschlossen
vier von uns, das Institut zu verlassen. Wir ließen einen
Brief zurück, in dem wir die Reform und Erneuerung der

bestehenden Lehr- und Praxisformen forderten. Unser Weggang war so etwas wie eine Glocke der Achtsamkeit, die dazu mahnte, unseren Forderungen Gehör zu schenken, da ansonsten weitere Studierende das Institut verlassen würden. Wir hatten die Absicht, eine neue Gemeinschaft zu gründen, in der es möglich sein würde, nach unseren Vorstellungen Buddhismus zu studieren, ihn zu lehren und zu praktizieren.

Die Reaktion der Institutsleitung war äußerst heftig. Sie hatte Kenntnis von unseren Plänen und es war ihr klar, dass wir als Mönche Zuflucht zu einem Tempel nehmen mussten. Drei Tage nach unserem Weggehen schickte die Institutsleitung einen Brief an alle Tempel mit der Aufforderung, uns keinen Unterschlupf zu gewähren. Das war eine sehr harte Vorgehensweise. Wir waren nur vier Mönche und das Institut hatte großen Einfluss.

Unsere Situation war äußerst schwierig. Wir verfügten über keinerlei finanzielle Mittel, aber wir kannten eine Dharmaschwester, die im Süden lebte und in deren Haus wir Zuflucht suchen konnten. Schließlich kamen weitere unserer Freunde an und baten uns, beim Bau eines Tempels auf dem Land zu helfen, wo wir mit unserer Praxis beginnen konnten. Wir hatten sehr viel Energie und viele gute Absichten. Es ging uns nicht um Geld, Macht oder Anerkennung, sondern um eine Form des Buddhismus, die gesellschaftliche Veränderungen herbeiführen könnte.

Fünf Jahre später kehrte ich in das Institut zurück. Seit meinem Weggang hatte ich einige Bücher und Zeitschriften veröffentlicht, die sich mit einer Konkretisierung und Erneuerung des Buddhismus in den Bereichen

Wirtschaft, Erziehung, Politik und Geisteswissenschaften beschäftigten. Es war uns ebenfalls gelungen, eine Gemeinschaft zu gründen. Nach einem Jahr begannen sich erste Veränderungen innerhalb des Instituts anzudeuten, da die Leitung einsah, dass nur Reformen andere Studierende davon abhalten würden, das Institut zu verlassen und sich uns anzuschließen. Das Institut richtete Studiengänge für Philosophie, vergleichende Religionswissenschaft und Naturwissenschaft ein.

Unsere Lehrer am Institut hatten zwar über Frieden, Mitgefühl, Nicht-Selbst und das Glück, am Leben zu sein, gelehrt, aber kaum jemand verkörperte etwas davon. Sie dachten vor allem an sich. Sie sprachen darüber, wie der Gesellschaft geholfen werden könnte, aber sie unternahmen nichts, um den Armen und Unterdrückten zu helfen – keine konkreten Handlungen, nur Worte. Zu dieser Zeit schlossen sich viele junge Vietnamesen den Kommunisten oder anderen politischen Parteien wie der »Kuomintang« an. Es gab Dutzende politischer Gruppen, die versuchten, den Kampf gegen die Franzosen zu organisieren und sie dazu zu bewegen, das Land zu verlassen. Darüber hinaus hatten sie die Absicht, soziale Gerechtigkeit wiederherzustellen und Armut sowie Ignoranz zu bekämpfen. Wenn man jung ist, möchte man etwas für sein Land tun.

Gewalt ist nicht unser Weg

Einmal war ich versucht der kommunistischen Partei beizutreten, weil mir auffiel, dass die Mönche nichts taten außer zu reden, während die Kommunisten sich stark darum bemühten, Veränderungen herbeizuführen.

Viele von ihnen starben im Kampf. Mein Wunsch war verständlich, weil es ganz natürlich ist, sich mit dem zu verbinden, für das man Achtung und Wertschätzung hat. Jeder möchte für das eintreten, an was er glaubt. Unser Glück war, dass wir ältere Brüder hatten, die uns davon überzeugten, dass der Weg der Gewalt nicht unser Weg sein konnte. Aus diesem Grund schlossen wir uns letztlich nicht den Kommunisten an.

Viele, die in meinem Alter waren und politischen Parteien beitraten, waren wunderbare Menschen mit einem großen Herzen. Sie waren fest entschlossen, etwas für ihr Volk und ihr Land zu tun, und anfänglich war ihr Geist rein und frisch. Aber nach ein paar Jahren veränderten sie sich, da jede Partei eine bestimmte Struktur besitzt, die zum Ziel hat, die anderen politischen Gruppen zu dominieren. Wenn man in einer Partei aktiv sein möchte, dann ist es zwingend notwendig, sich an die dort herrschenden Regeln und Vorschriften zu halten. Die Partei schreibt vor, was als Nächstes getan werden muss. Falls die Partei von Ihnen möchte, dass Sie jemanden umbringen, dann haben Sie zu gehorchen, auch wenn es sich um Ihren Bruder handeln sollte. Die Kommunisten hatten das Ziel, die Mitglieder der »Kuomintang« zu dezimieren; so kam es dazu, dass Brüder begannen, gegeneinander zu kämpfen. Sie kamen aus demselben Land und entstammten demselben Volk; sie teilten das Ideal, ihrem Volk zu helfen, aber an ihren Händen klebte das Blut ihrer eigenen Brüder. Mir wurde klar, dass mein Weg nur der Weg der Gewaltlosigkeit sein konnte.

Der Krieg ist wie eine furchtbare Maschine. Wer in sie hineingerät, dessen Leben und das Leben vieler anderer

Menschen wird vernichtet. Aus diesem Grund versuche ich junge Menschen davon zu überzeugen, an einer gewaltlosen Veränderung der Verhältnisse mitzuwirken. Das heißt nicht, dass Sie einfach dasitzen und nichts tun sollen; es gibt viele Möglichkeiten und Sie können Erfolg haben. Mit Hilfe einer erneuerten buddhistischen Praxis lässt sich sehr viel erreichen. Das Gleiche gilt für das Christentum, den Islam oder das Judentum. Die Praxis ist dazu da, uns dabei zu helfen, friedfertiger zu werden und uns von unserer Wut, Angst und unserem Misstrauen zu befreien; sonst werden wir nicht wirklich etwas ausrichten können. Die Praxis kann uns dabei helfen, wie Geschwister zusammenzuleben, und einander zu vertrauen. Nur so kann Ihre Revolution erfolgreich sein. Ich habe viele Gruppen kennen gelernt, die sehr motiviert waren. Auf einer intellektuellen Ebene herrschte Übereinstimmung, sobald aber Konflikte auftraten, lösten sie sich auf. Wenn jeder das Gefühl des Ärgers in sich nährt, dann ist es nicht möglich, wie eine Gemeinschaft oder Sangha zu handeln. Einzelne mögen zwar große Stärken besitzen, aber die Gruppe hat die entscheidende Schwäche, dass jeder andere Ideen hat und sich die Mitglieder nicht auf eine gemeinsame Handlungsweise einigen können. Aus diesem Grund geschieht oft gar nichts.

Wenn Sie zu einer Gruppe von Israelis oder Palästinensern gehören, aber nicht wissen, wie man praktiziert, dann bilden Sie nicht wirklich eine Einheit und gehen im Grunde getrennte Wege. Sie fühlen sich schwach, frustriert und sehen sich nicht in der Lage, etwas Sinnvolles zu tun. Sie benötigen eine Form der Praxis, die Ihnen dabei hilft, eine wirkliche Gemeinschaft von Brüdern und Schwestern zu formen. Ich bin davon überzeugt, dass unsere Praxis hier in Plum Village Ihnen dabei helfen wird, Ihre Gruppe auf eine solch grundlegende Weise zu verändern. Es geht hierbei nicht um eine Theorie, sondern um einen praktischen Weg. Wenn in Ihrer Gruppe Harmonie, Brüderlichkeit und gegenseitiges Verstehen existieren, dann kann sie zu einem wunderbaren Werkzeug des Friedens und der Freiheit werden. Bleiben Sie dagegen auf einer tieferen Ebene uneins, dann werden Sie letztlich nichts erreichen können. Das ist eine Tatsache.

Ich weiß, dass viele von Ihnen bereit sind, für Ihr Volk zu sterben. Sie denken, zu sterben und andere zu töten sei das einzige, das getan werden könne. Die andere Seite hat Ihr Haus zerstört, sie haben einen Zaun gebaut, der es Ihnen unmöglich macht, Ihre Felder zu bewirtschaften, sie haben Sie umstellt, sie erlauben Ihnen nicht, dahin zu gehen, wohin Sie möchten und Sie mussten mit ansehen, wie Ihr Bruder, Ihre Schwester, Tante oder Mutter umgebracht wurden. Sie sind zutiefst enttäuscht und verzweifelt. Sie möchten Ihr Leben einsetzen, um etwas zu tun und Sie möchten die anderen bestrafen. Es ist Ihnen klar, dass Ihre Bombe nicht nur Ihren eigenen Tod, sondern auch den Tod unschuldiger Menschen und Kinder zur Folge haben wird. So oft ist dies bisher geschehen. Die anderen haben Panzer, Gewehre, Bomber, Hubschrauber und Raketen eingesetzt und Ihre Seite tötete mit kleinen Bomben, die am Körper befestigt waren.

Die anderen haben genauso Angst davor zu sterben wie Sie. Trotzdem hat sich bis jetzt Ihre gemeinsame Sehnsucht, in Freiheit und Sicherheit zu leben, nicht erfüllt. Immer noch bestrafen Sie einander, weil immer noch Angst, Wut und Verzweiflung in jedem von Ihnen existieren. Wüssten Sie dagegen, wie man eine Gruppe organisiert, die friedlich zusammenarbeitet, und wie ein Fluss in dieselbe Richtung strömt, dann würden Sie Ihrem Land und Ihrem Volk auf eine gewaltlose Weise Frieden bringen können, auch wenn Ihre Gruppe nur sehr klein ist.

Eine Möglichkeit des gewaltlosen Widerstandes

Angenommen, eine Gruppe von Palästinensern würde ein öffentliches Fasten beispielsweise in New York oder Paris planen. Vermutlich hätten Sie Schwierigkeiten, da es vielen von Ihnen entweder verboten ist zu reisen oder Sie nicht über die notwendigen finanziellen Mittel verfügen. Aus diesem Grund benötigen Sie Hilfe und Unterstützung von außen. Sie könnten als Gruppe folgende Erklärung abgeben: »Wir werden so lange fasten, bis unser Volk ein eigenes Land bekommen hat, und wir sind dazu bereit, falls es notwendig wird, hier auf den Stufen am Sitz der Vereinten Nation in New York zu sterben.« Viele von Ihnen sind bereits gestorben – Hunderte, Tausende, Zehntausende. Dagegen würde die vergleichsweise geringe Zahl von hundert Menschen ausreichen, um eine solche gewaltlose Aktion ins Leben zu rufen, aber Sie sind nicht bereit dazu. Wären Sie dazu bereit, als Gruppe nach New York zu reisen, in der jeder auf gleiche Weise spricht und handelt? Eine solche Gruppe würde die Unterstützung von Millionen Menschen auf der ganzen Welt bekommen. Sie würden Ihnen dabei helfen, das Fasten auf den Stufen vor dem Sitz der Vereinten Nationen zu organisieren. Ärzte würden kommen und sich um Sie kümmern; viele Menschen würden Sie mit Trinkwasser versorgen und viele würden mit Ihnen dort sitzen, um zu zeigen, dass sie Ihr Anliegen unterstützen.

In gleicher Weise könnte eine Gruppe von Israelis ein öffentliches Fasten organisieren und sich ganz in der Nähe der palästinensischen Gruppe niederlassen, nicht um zu protestieren, sondern um sie mit folgenden Worten zu unterstützen: »Wir unterstützen den Wunsch der Palästinenser nach einem eigenen Land und fordern unsere Regierung dazu auf, die Bombardierung und Besetzung zu beenden.« Die Palästinenser müssen ihre Absicht eines gewaltlosen Widerstandes sehr entschieden zum Ausdruck bringen, jeglicher Form von Gewalt eine Absage erteilen und ihr Volk dazu aufrufen, die Gewalt zu beenden. Herr Arafat war dazu nicht in der Lage, da seine eigenen Leute nicht auf ihn hörten. Ihm war bewusst, dass bei jedem Gewaltakt die Gegenseite Vergeltung üben würde. Die Menschen sind so wütend, dass sie nicht mehr auf ihre Führer hören. Aber wenn Sie untereinander entzweit sind, dann werden Sie nicht wirklich im Interesse Ihres Volkes und Landes handeln können. Aus diesem Grund ist es notwendig, eine spirituelle Dimension mit einzubeziehen. Sie müssen unter sich Einigkeit, Harmonie und Brüderlichkeit schaffen. Dies ist wesentlich für den Erfolg einer Revolution.

Innerhalb Ihrer Gruppe sollte es fünf oder zehn Menschen geben, die Ihre Auffassung gut zum Ausdruck bringen können. Diese könnte etwa Folgendes besagen: »Mit sofortiger Wirkung beenden wir alle Gewaltakte. Wir wollen Frieden. Wir verpflichten uns, auf Gewalt zu verzichten. Damit können Sie weitere Bombardierungen und Tötungen jetzt nicht mehr rechtfertigen. In der Vergangenheit konnten Sie sich damit entschuldigen, dass Sie uns für die von uns begangenen Morde und Anschläge bestrafen müssten. Von unserem Volk wird nicht mehr länger Gewalt ausgehen. Wir haben alle Gewalt beendet und wir repräsentieren hier an diesem Ort unser ganzes Volk. Wir wünschen uns eine friedliche Lösung und wir bitten um Land, auf dem wir leben können. Wir fordern die Welt und die Vereinten Nationen auf, unserer Bitte nachzukommen.«

Die Israelis können das Gleiche tun. Sie sollten ihre Regierung auffordern, jede Form der Gewalt gegen die Palästinenser einzustellen und die Vereinten Nationen bitten, eine Dringlichkeitssitzung einzuberufen, um über die Situation zu diskutieren. Vermutlich wird innerhalb der ersten zwanzig bis dreißig Tage nicht viel geschehen, aber wenn die Fastenden deutlich machen, dass sie nicht bereit sind aufzugeben, dann bin ich sicher, dass gehandelt werden wird. Sie werden der Welt dabei helfen aufzuwachen und die Vereinten Nationen und andere Länder dazu bringen, etwas zu unternehmen.

Es ist wichtig, dass wir unsere Intelligenz einsetzen. Wir brauchen eine Strategie, die auf Verstehen, Mitgefühl und Gewaltlosigkeit basiert. Sie irren sich, wenn Sie glauben, es gebe zu wenig Menschen in den anderen Ländern, die Sie unterstützen. Viele wären bereit, Ihnen zu helfen. Auch die Israelis müssen handeln, um die Gewalt zu beenden. Beide Seiten empfinden Angst, Verzweiflung und Wut und diskriminieren einander – dies ist das eigentliche Problem. In Plum Village erinnern wir uns stets gegenseitig daran, dass nicht der Mensch unser Feind ist, sondern Trennung, Hass, Misstrauen, Ärger und Verzweiflung. Sobald wir eines dieser Gefühle bemerken, versuchen wir es zu verwandeln und uns selbst und andere davon zu befreien. Die Lehre und Praxis ist in dieser Hinsicht sehr deutlich.

Nehmen Sie sich Zeit um zu sitzen und die oben gemachten Vorschläge und Einsichten zu diskutieren; dies wird Sie auf den Weg des Handelns und Verstehens bringen. Um sich auf die oben vorgeschlagene Aktion vorzubereiten, sollten Sie sich mindestens ein Jahr Zeit nehmen. Jeder von Ihnen sollte intensiver als sonst praktizieren, damit Sie lernen, sich nicht von Ihrem Ärger und Hass überwältigen zu lassen und mit anderen in Harmonie zusammenzuarbeiten. Sobald es möglich ist, dass aus Ihrem Volk hundert Personen zusammenkommen, die auf gleiche Weise denken, handeln und sprechen, können Sie damit beginnen, Ihre Aktion zu planen. Dann werden Sie etwas für Ihr Land, Ihr Volk und für uns alle tun können.

Herrscht Einigkeit in Ihrem Volk und arbeiten Sie in Harmonie zusammen, dann werden Sie Fortschritte machen. Bleiben Sie dagegen entzweit und erfüllt von Ärger und Wut, werden Sie kaum etwas erreichen. Das Gleiche gilt für unsere israelischen Freunde. Wenn Sie als Israelis in Frieden leben, die Führung im Versöhnungsprozess übernehmen und Ihren palästinensischen Brüdern und Schwestern helfen wollen, dann müssen Sie auf gleiche Weise handeln. Sie müssen eine Gruppe bilden, in der Frieden, Brüderlichkeit und Harmonie existieren.

Fünf Übungen der Achtsamkeit[7]

Eine der hilfreichsten Praktiken, die ich Ihnen vorschlagen möchte, sind die Fünf Übungen der Achtsamkeit. Sie können Ihnen dabei helfen, Ihr Leben so zu verän-

7 Vgl. dazu auch S. 185 ff.

dern, dass Sie nicht länger Opfer von Gefühlen wie Ärger, Entfremdung und Hass sind.

Die Erste Übung der Achtsamkeit thematisiert den Schutz des Lebens – unseres eigenen Lebens und das Leben anderer Lebewesen.

In der zweiten Übung wird die Wichtigkeit von Großzügigkeit und geringeren Konsums betont, um Not leidenden Menschen helfen zu können.

Die Dritte Übung der Achtsamkeit thematisiert den verantwortungsvollen Umgang mit der eigenen Sexualität; sexuelles Fehlverhalten führt zur Zerstörung von Familien und lässt uns und unsere Kinder leiden.

In der Vierten Übung geht es darum, wie wir einem anderen Menschen zuhören können, ohne ärgerlich zu werden – wir hören eingehend und mitfühlend zu und wir sprechen auf eine Weise, die es der anderen Person ermöglicht, uns zuzuhören.

Die Fünfte Übung betont die Wichtigkeit achtsamen Konsums. Wir konsumieren weniger und nehmen lediglich Dinge zu uns, die gut für uns sind. Unsere Nahrung kann viele Gifte enthalten, die nicht nur unserem Körper schaden, sondern auch unseren Geist in Mitleidenschaft ziehen. Wir verzichten darauf, bestimmte Fernsehprogramme anzuschauen und Zeitschriften und Bücher zu lesen, welche die in unserem Geist vorhandenen Samen der Gewalt und Gier, der Angst und des Hasses stärken. Auf diese Weise schützen wir auch unsere Kinder.

Die Praxis der Fünf Übungen ist wesentlich für das Entstehen einer Gruppe, die ein Werkzeug für den Frieden sein möchte. Ich bezweifle, dass Sie erfolgreich sein werden, wenn Sie versuchen würden, eine Friedensgruppe zu bilden, ohne die Fünf Übungen zu praktizieren. Ganz sicher existiert auch in Ihrer eigenen Tradition eine Entsprechung dazu. Machen Sie sich auf die Suche und beginnen Sie zu praktizieren.

Wir sollten uns mehr auf uns selbst verlassen und weniger auf andere Menschen; die meisten sind stets beschäftigt. Ich schlage die Bildung einer gemischten Gruppe vor, die für ein Jahr zusammenarbeitet und sich gemeinsam zum Ziel setzt, wie Brüder und Schwestern am gleichen Ort zusammenzuleben. Mindestens ein Jahr ist für diese Arbeit und für die Vorbereitung auf eine gewaltlose Aktion erforderlich. Während dieses Jahres sollten Sie sich ganz der Aufgabe widmen, eine Gruppe wachsen zu lassen, in der jeder auf dieselbe Weise spricht und sich der Praxis der Gewaltlosigkeit verpflichtet fühlt.

Ich würde mich sehr freuen, wenn ich miterleben könnte, wie Sie eine solche Gruppe organisieren. Sie benötigen sehr viel spirituelle Kraft, um diese Gemeinschaft in so kurzer Zeit entstehen zu lassen – eine Gemeinschaft, die eine Friedenskonferenz in ihrem Land einberufen und die Unterzeichnung eines nationalen Friedensvertrages bewirken kann. Wenn Sie wirklich den Wunsch haben, Ihrem Volk zu helfen, dann ist dies der Weg. Was ich Ihnen hier sage, kommt nicht aus einem bloß intellektuellen Bereich, sondern ich spreche aus meinem Herzen und meiner ganz persönlichen Erfahrung. Der Weg der Gewaltfreiheit ist der einzig mögliche Weg. Sie werden die Herzen von zahllosen Menschen auf der ganzen Welt gewinnen, wenn Sie gewaltlos handeln. Beenden Sie alle Gewalt und Sie werden Ihr Ziel erreichen.

Die politischen Führer der Palästinenser und Israelis tragen den Samen der Weisheit in sich, aber noch ist es nur ein Same. Wir haben diesen Samen noch nicht ausreichend gewässert, so dass er sich noch nicht in Taten manifestieren konnte. Die jeweiligen politischen Führer haben mehrere Male dazu aufgerufen, die Gewalt zu beenden, aber noch sind die Menschen nicht in der Lage, diesem Aufruf zu folgen, weil Wut und Verzweiflung übermächtig sind. Beide Seiten sind davon betroffen.

Ich sehe den Weg sehr klar vor mir. Wenn es Ihr Ziel ist, auf eine schöne und bedeutungsvolle Weise zu leben, dann werden Sie dieses Ziel erreichen. Für Werte wie Mitgefühl, Verstehen und Gewaltlosigkeit zu leben ist wunderbar. Mir ist dieser Weg so wichtig geworden, dass ich ihn nie wieder verlassen werde. Wäre ich an Ihrer Stelle, würde ich genau diesen Weg einschlagen. In meinem Heimatland habe ich eine Lektion gelernt. Hunderttausende Menschen starben dort, weil sie sich für den Weg der Gewalt entschieden hatten. Sie brachten einander um, obwohl sie Brüder und Schwestern waren, und ich möchte nicht, dass Sie dasselbe tun. Frieden ist möglich. Ich spreche hier nicht über eine abstrakte Möglichkeit, sondern über ganz konkrete Handlungen. Dieses Handeln hat nicht nur Auswirkungen auf uns selbst, sondern auch auf die Welt, weil es um einen Prozess der Transformation, der Heilung und des Friedens geht. Die diesem Handeln innewohnende spirituelle Kraft kann die Welt verändern.

147

In Vietnam organisierten wir gewaltfreie Aktionen und brachten eine Regierung zu Fall – ohne Gewehre und Kugeln. Wir müssen Vertrauen zu uns selbst haben und unser Leben so verändern, dass in unserem Familienleben, in unserer Gruppe oder Gemeinschaft Frieden und Heilung sichtbar werden. Dann können wir darangehen, gewaltfreie Aktionen zu planen. Diese können eine große Wirkung entfalten, wenn sie in der Lage sind, die Aufmerksamkeit der gesamten Welt auf sich zu lenken. Gandhi hatte damit Erfolg, also kann es auch Ihnen gelingen. Wenn Sie sich verpflichten, auf jede Form der Gewalt zu verzichten und Ihre Landsleute auffordern, den Konflikt zu beenden, dann wird Ihre Stimme größeres Gehör finden als die jener politischen Führer, die zur Gewalt aufrufen. Viele Menschen auf der ganzen Welt werden Sie unterstützen wollen und es wird Ihnen viel Aufmerksamkeit zuteil werden. Um sich darauf vorbereiten zu können, benötigen Sie ausreichend Zeit für die Entwicklung einer Praxis, in der Sie achtsames Atmen und Gehen üben. Dann wird Ihre Stimme wirklich in der Welt Gehör finden. Hierin liegt meine Hoffnung.

Übungen für den Frieden

A. *Achtsames Gehen*
B. *Achtsames Essen*
C. *Tiefes Zuhören und liebevolle Rede*
D. *Tiefenentspannung*
E. *Neubeginn*
F. *Der Friedensvertrag*
G. *Fünf Übungen der Achtsamkeit*

Achtsames Gehen

Unser Geist kann in tausend Richtungen gehen.
Aber auf diesem wunderbaren Pfad gehe ich in Frieden.
Mit jedem Schritt weht eine sanfte Brise.
Mit jedem Schritt erblüht eine Blume.

Achtsames Gehen ist Meditation. Wir gehen langsam
und auf eine sehr entspannte Weise. Auf unseren Lippen
lassen wir ein leichtes Lächeln entstehen. Wenn wir auf
eine solche Weise gehen, spüren wir in uns eine tiefe innere Ruhe und unsere Schritte sind die eines von allen
Sorgen befreiten Menschen. Wir gehen einfach, um das
Gehen zu genießen, nicht um irgendwo anzukommen.
Wir gehen, um zu gehen; wir sind vollkommen gegenwärtig und erfreuen uns an jedem unserer Schritte. Da-
her müssen wir alle unsere Ängste und Sorgen loslassen, dürfen uns nicht in Gedanken an Vergangenes oder
an die Zukunft verlieren und sollten uns ganz am gegenwärtigen Augenblick erfreuen. Jeder von uns ist dazu in der Lage. Wir benötigen nur etwas Zeit, ein wenig
Achtsamkeit und den Wunsch, glücklich zu sein.

Das Gehen ist in unserem Alltag eine sehr häufige Tätig-
keit, aber meist ist es eher ein Rennen. Mit jedem unserer
gehetzten Schritte prägen wir wie mit einem Siegel Angst
und Traurigkeit in die Erde ein. Wenn wir in der Lage
sind, einen Schritt in Frieden zu gehen, dann werden wir
auch zwei, drei, vier und schließlich fünf Schritte für den
Frieden und das Glück der Menschheit machen können.

Unser Geist springt von einer Sache zur nächsten, vergleichbar mit einem Affen, der sich rastlos von Ast zu
Ast schwingt. Unsere Gedanken können unendlich vie-

len Wegen folgen und meist werden wir von ihnen in die Welt der Achtlosigkeit hinübergezogen. Sind wir aber dazu in der Lage, jeden Weg, den wir im Alltag gehen, in eine Meditation zu verwandeln, dann werden wir jeden Schritt in vollkommenem Gewahrsein tun. Atem und Schritte sind in Harmonie miteinander und unser Geist wird ganz natürlich zur Ruhe kommen. Jeder unserer Schritte stärkt dann den Frieden und die Freude in uns und lässt in uns den Strom einer ruhigen Energie entstehen. Dann können wir wirklich sagen: »Mit jedem Schritt weht eine sanfte Brise.«

Während des Gehens können Sie achtsames Atmen üben, indem Sie Ihre Schritte zählen. Lenken Sie Ihre Aufmerksamkeit auf den Atem und zählen Sie, wie viele Schritte Sie tun, während Sie einatmen und wie viele, während Sie ausatmen. Sollten Sie während des Einatmens drei Schritte machen, sagen Sie leise »eins, zwei, drei« oder »ein, ein, ein«, jeweils ein Wort und ein Schritt. Sollten Sie während des Ausatmens drei Schritte tun, dann sagen Sie bei jedem Schritt: »Aus, aus, aus«. Gehen Sie dagegen drei Schritte während der Einatmung und vier Schritte während der Ausatmung, sagen Sie »ein, ein, ein. Aus, aus, aus, aus« oder »eins, zwei, drei. Eins, zwei, drei, vier«.

Versuchen Sie dabei nicht, Ihren Atem zu kontrollieren. Geben Sie Ihren Lungen die Zeit, die sie brauchen, gestatten Sie ihnen, die notwendige Luft ein- und auszuatmen und beobachten Sie einfach, wie viele Schritte Sie tun, während sich Ihre Lungen füllen, und wie viele es sind, während die Luft wieder ausströmt. Seien Sie sich gleichzeitig Ihrer Schritte und Ihres Atems bewusst. Der Schlüssel zu dieser Übung ist Achtsamkeit.

Sollten Sie bergauf oder bergab gehen, wird sich die Schrittzahl pro Atemzug verändern. Folgen Sie stets den Bedürfnissen Ihrer Lunge. Versuchen Sie nicht, Ihren Atem oder Ihre Schritte zu manipulieren. Beobachten Sie einfach, ohne zu kontrollieren.

Zu Beginn der Übung ist Ihre Ausatmung möglicherweise länger als die Einatmung. Vielleicht machen Sie drei Schritte während Sie einatmen und vier während Sie ausatmen (3–4) oder Ihr Rhythmus ist zwei Schritte/drei Schritte (2–3). Wenn Sie sich damit wohlfühlen, genießen Sie es bitte weiterhin, auf diese Weise zu praktizieren. Nachdem Sie einige Zeit Gehmeditation geübt haben, wird sich die Länge Ihrer Einatmung wahrscheinlich der Länge Ihrer Ausatmung angleichen (3–3, 2–2 oder 4–4).

Wenn Sie auf Ihrem Weg etwas sehen, das Sie mit Ihrer Achtsamkeit berühren möchten, zum Beispiel den blauen Himmel, die Berge, einen Baum oder einen Vogel, dann halten Sie einfach an und atmen achtsam weiter. Mit Hilfe der achtsamen Atmung wird der Gegenstand Ihrer Betrachtung lebendig. Andernfalls wird früher oder später Ihr Denken wieder die Übermacht gewinnen und der Vogel oder der Baum wird verschwinden. Bleiben Sie stets beim Atem.

Während Sie gehen, möchten Sie vielleicht ein Kind an die Hand nehmen. Das Kind wird Ihre Konzentration und Stabilität spüren und etwas davon in sich aufnehmen und Sie erhalten etwas von seiner Frische und Lebendigkeit. Von Zeit zu Zeit wird es vielleicht vorauslaufen und dann auf Sie warten. Ein Kind ist wie eine Glocke der Achtsamkeit, die uns daran erinnert, wie

151

wunderbar das Leben ist. In Plum Village bringe ich den jungen Menschen einen einfachen Vers bei, mit dessen Hilfe sie während des Gehens üben können: Während der Einatmung sprechen sie leise »ja, ja, ja« und während der Ausatmung »danke, danke, danke«. Ich möchte, dass die jungen Menschen dem Leben, der Gesellschaft und unserem Planeten positiv gegenüberstehen. Die Kinder und Jugendlichen genießen diese Praxis sehr.

Nachdem Sie ein paar Tage praktiziert haben, können Sie versuchen, Ihre Ausatmung um einen Schritt zu verlängern. Wenn beispielsweise Ihr normaler Atemrhythmus 2–2 beträgt, verlängern Sie Ihre Ausatmung und üben 2–3 für vier oder fünf Atemzüge, ohne dabei schneller zu gehen. Während unserer normalen Atmung atmen wir gewöhnlich nie vollständig aus. Eine bestimmte Menge Luft verbleibt stets in der Lunge. Indem Sie Ihre Ausatmung um einen Schritt verlängern, scheiden Sie mehr von dieser alten Luft aus. Aber übertreiben Sie es nicht. Vier oder fünf Atemzüge genügen, da Sie sonst ermüden. Kehren Sie anschließend zu Ihrem normalen Atemrhythmus zurück. Nach fünf oder zehn Minuten können Sie den Vorgang wiederholen. Achten Sie darauf, dass Sie Ihre Ausatmung und nicht Ihre Einatmung um einen Schritt verlängern.

Nach ein paar weiteren Tagen werden Ihnen Ihre Lungen vielleicht mitteilen: »Im Rhythmus von 3–3 anstelle von 2–3 zu atmen wäre wunderbar.« Wenn diese Botschaft deutlich ist, versuchen Sie es, aber auch dann vorerst nur für vier oder fünf Atemzüge. Kehren Sie dann auf 2–2 zurück. Fünf bis zehn Minuten später beginnen Sie mit 2–3 und verlängern wieder auf 3–3. Nach einigen Monaten werden Ihre Lungen gesünder sein, Ihr Blut wird besser zirkulieren und Ihre ganze Art zu atmen wird sich verändert haben.

Wenn wir Gehmeditation üben, kommen wir in jedem Moment neu an. Wenn wir uns vollkommen im gegenwärtigen Augenblick befinden, lösen sich unsere Sorgen und unsere Traurigkeit auf und wir entdecken das Leben mit all seinen Wundern. Einatmend können wir sagen: »Ich bin angekommen«, und während wir ausatmen: »Ich bin zu Hause.« Wenn wir auf eine solche Weise üben, überwinden wir unsere Zerstreuung und verweilen ganz im gegenwärtigen Augenblick; nur dort sind wir wirklich lebendig.

Sie können ebenfalls Gehmeditation praktizieren, indem Sie die Zeilen eines Gedichts sprechen, während Sie gehen. Im Zen-Buddhismus sind Poesie und Praxis sehr eng miteinander verbunden.

Ich bin angekommen.
Ich bin zu Hause,
im Hier
und im Jetzt.
Ich bin fest.
Ich bin frei.
In der Soheit verweile ich.

Wenn Sie gehen, seien Sie sich vollkommen Ihrer Füße und der Erde, die Sie berühren, bewusst. Mit Hilfe des achtsamen Atmens kann die Verbindung zwischen Ihnen und der Erde für Sie erfahrbar werden. Man sagt, auf dem Wasser zu gehen sei ein Wunder, aber für mich bedeutet in Frieden auf der Erde gehen zu können das wahre Wunder. Die Erde ist ein Wunder und jeder unse-

rer Schritte. Jeder Schritt, den wir auf diesem wunderbaren Planeten gehen, kann uns wahres Glück bringen.

(Vgl. Thich Nhat Hanh, »Klar wie ein stiller Fluss«, Heidelberg 1999, und »Der Geruch von frisch geschnitte-
nem Gras«, Berlin 2002.)

Achtsames Essen

Vor ein paar Jahren fragte ich einige Kinder: »Warum
frühstücken wir?« Ein Junge antwortete: »Um Kraft für
den Tag zu bekommen.« Ein anderer: »Wir frühstücken,
um zu frühstücken.« Ich glaube, der zweite Junge hatte
Recht. Der Zweck des Essens ist das Essen.

Eine Mahlzeit in Achtsamkeit zu sich zu nehmen, ist
eine wichtige Praxis. Wir schalten den Fernseher aus, legen die Zeitung beiseite und arbeiten gemeinsam fünf
oder zehn Minuten daran, den Tisch zu decken und andere Vorbereitungen zu treffen. Während dieser Minuten können wir großes Glück erfahren. Wenn das Essen
auf dem Tisch steht und alle sich hingesetzt haben, atmen wir dreimal bewusst ein und aus: »Einatmend beru-
hige ich meinen Körper. Ausatmend lächle ich.« Wenn
wir auf eine solche Weise dreimal bewusst atmen, können wir uns vollkommen erholen.

Danach schauen wir jede Person, die mit uns am Tisch
sitzt, an und atmen ein und aus, um mit uns selbst und
mit den anderen in Berührung zu kommen. Es ist nicht
notwendig, zwei Stunden lang jemanden anzuschauen,
um diese Person wirklich zu sehen. Sind wir fest in uns
selbst verankert, reichen ein oder zwei Sekunden aus,

um im anderen die Freundin oder den Freund zu sehen. Bei einer Familie mit fünf Mitgliedern wird diese Praxis des »Schauens und Sehens« vermutlich nicht länger als fünf oder zehn Sekunden benötigen.

Danach üben wir zu lächeln. Während wir gemeinsam am Tisch sitzen, haben wir die Gelegenheit, den anderen ein echtes Lächeln der Freundschaft und des Verstehens zu schenken. Es ist sehr einfach, aber nur sehr wenige Menschen lächeln auf diese Weise. Für mich ist es eine der wichtigsten Übungen. Wir schauen eine andere Person an und lächeln ihr zu. Gemeinsam zu atmen und zu lächeln ist eine sehr wichtige Praxis. Können sich die Mitglieder einer Familie dagegen nicht gegenseitig zulächeln, ist die Situation sehr schwierig.

Nachdem wir geatmet und gelächelt haben, betrachten wir unser Essen auf eine Weise, welche die Nahrung vor uns zu einer Wirklichkeit werden lässt. Dieses Essen offenbart unsere Verbindung mit der Erde. Jeder Bissen enthält etwas von der Sonne und dem Leben auf dieser Erde. Wie weit unser Essen für uns wirklich wird, hängt von uns selbst ab. In einem Stück Brot können wir das gesamte Universum sehen und schmecken! Wenn wir vor dem Essen für ein paar Sekunden über die Nahrung vor uns meditieren und sie in Achtsamkeit zu uns nehmen, dann kann uns dies großes Glück schenken.

Die Möglichkeit, gemeinsam mit unserer Familie oder unseren Freunden zu Tisch zu sitzen und ein wunderbares Essen zu genießen, ist etwas sehr Kostbares, etwas, über das nicht viele Menschen verfügen. Unzählige Menschen auf der Welt hungern. Wenn ich eine Schale Reis oder ein Stück Brot in meinen Händen halte, weiß ich, dass ich mich glücklich schätzen kann und ich habe Mitgefühl mit denen, die hungern und keine Familie oder Freunde haben. In Achtsamkeit zu essen ist eine sehr tiefe Übung. Wir müssen dazu nicht in einen Tempel oder eine Kirche gehen, um auf eine solche Weise zu praktizieren. Unser Esstisch zu Hause ist vollkommen ausreichend. Achtsames Essen kann die Samen des Mitgefühls und Verstehens in uns kultivieren, so dass wir die Kraft und die Weisheit haben, um den Hungernden und Einsamen zu helfen.

Um während der Mahlzeit achtsam sein zu können, kann es von Zeit zu Zeit hilfreich sein, in Schweigen zu essen. Anfangs fühlen Sie sich vielleicht etwas unwohl, aber wenn Sie sich erst einmal daran gewöhnt haben, werden Sie merken, wie viel Freude und Glück eine Mahlzeit in Schweigen schenken kann. Ähnlich wie wir den Fernseher vor dem Essen abschalten, »schalten« wir unsere Gespräche ab, um uns am Essen und der Gegenwart der anderen zu erfreuen.

Ich sage nicht, dass wir jeden Tag in Schweigen essen sollten. Eine Unterhaltung kann eine wunderbare Möglichkeit sein, miteinander in Berührung zu kommen. Aber wir sollten zwischen verschiedenen Formen des Gesprächs unterscheiden. Manche Themen können Trennung bewirken, beispielsweise wenn wir über die Fehler einer anderen Person sprechen. Das Essen, das mit so viel Sorgfalt und Liebe vorbereitet wurde, verliert seinen Wert, wenn diese Art, miteinander zu sprechen, unsere Mahlzeit dominiert. Sprechen wir dagegen über Dinge, die uns helfen, der Nahrung und der Gemeinschaft gewahr zu sein, dann nähren wir in uns das Glück, das für unsere Entwicklung notwendig ist. Vergleichen wir dies mit der Erfahrung, uns über die Fehler anderer Menschen auszutauschen, dann werden wir merken, dass das bewusste Kauen eines Stück Brotes wesentlich nährender ist. Es macht uns lebendig und unser Leben gewinnt an Wirklichkeit.

Ich möchte Ihnen vorschlagen, dass Sie während der Mahlzeiten nicht über Themen sprechen oder diskutieren, die unser Gewahrsein zerstören könnten. Aber fühlen Sie sich frei, über Dinge zu sprechen, die Achtsamkeit und Ihre Freude nähren. Wenn Ihnen zum Beispiel ein Gericht sehr gut schmeckt und Sie bemerken, dass sich jemand am Tisch nicht an diesem Essen erfreut, dann können Sie ihm oder ihr dabei helfen, dieses Gericht, das mit viel Liebe gekocht wurde, wertzuschätzen. Denkt eine Person eher an andere Dinge als an das gute Essen, wie zum Beispiel an die Probleme im Büro oder Schwierigkeiten mit Freunden, dann bedeutet dies, dass er oder sie den gegenwärtigen Augenblick und das Essen verliert. Sie könnten sagen: »Das Essen schmeckt wunderbar, nicht wahr?« Sprechen Sie auf eine solche Weise, dann helfen Sie dem betreffenden Menschen dabei, sich von seinen Sorgen zu befreien, in das Hier und Jetzt zurückzukehren und sich an Ihrer Anwesenheit und dem Essen zu erfreuen. Sie sind ein Bodhisattva, jemand, der einer anderen Person hilft, erleuchtet zu werden. Ich weiß, dass besonders Kinder die Fähigkeit besitzen, Achtsamkeit zu praktizieren und häufig andere daran erinnern, in gleicher Weise achtsam zu sein.

Die folgenden Verse können uns dabei helfen, achtsam zu essen:

Das Betrachten des leeren Tellers

Mein leerer Teller
wird bald mit kostbarer Nahrung
gefüllt sein.

Ich weiß, dass viele Menschen auf dieser Erde lange Zeit vor einem leeren Teller sitzen werden. Ich bin dankbar für die Nahrung, die ich esse und ich gelobe, Wege zu finden, um allen zu helfen, die hungern.

Den gefüllten Teller betrachten

In dieser Nahrung
erkenne ich deutlich
das ganze Universum,
das mein Dasein trägt.

Dieser Vers hilft uns, das Prinzip der wechselseitigen Abhängigkeit und das Einssein allen Lebens zu erkennen.

Die Nahrung betrachten

Diese Nahrung auf meinem Teller,
so appetitlich und köstlich,
enthält auch sehr viel Leid.

Diese Gatha hat ihren Ursprung in einem vietnamesischen Volkslied. Wenn wir unseren mit köstlichem und appetitlichem Essen gefüllten Teller betrachten, sollten wir an die Menschen denken, die hungern. Jeden Tag sterben 40 000 Kinder an den Folgen von Hunger und Mangelernährung. Jeden Tag! Eine solche Zahl schockiert uns jedes Mal, wenn wir sie hören. Wenn wir auf unseren Teller blicken, dann »sehen« wir Mutter Erde, die Arbeit der Bauern und die Tragödie von Hunger und Mangelernährung.

Wir, die wir in Nordamerika oder Europa leben, sind daran gewöhnt, Getreide und andere Produkte zu essen, die aus der so genannten Dritten Welt stammen: Kaffee aus Kolumbien, Kakao aus Ghana oder Duftreis aus Thailand. Wir müssen uns bewusst machen, dass die Kinder in diesen Ländern, ausgenommen jene aus reichen Familien, niemals solche ausgesuchten Produkte zu Gesicht bekommen werden. Sie essen minderwertige Produkte, da die Waren von höherer Qualität für den Export bestimmt sind, um dem Land Devisen zu verschaffen. Manche Eltern sind sogar dazu gezwungen, ihre Kinder als Arbeitskräfte an Familien zu verkaufen, die genügend zu essen haben, weil sie selbst über keinerlei Mittel verfügen, ihre Kinder zu ernähren.

Bevor wir anfangen zu essen, können wir in Achtsamkeit unsere Hände zusammenlegen und an diejenigen Kinder denken, die nicht genug zu essen haben. Langsam und achtsam atmen wir drei Mal und rezitieren die oben stehende Gatha. Dies hilft uns dabei, unsere Achtsamkeit aufrechtzuerhalten. Vielleicht finden wir eines Tages Wege, ein einfaches Leben zu führen, damit wir mehr Zeit und Energie haben, um etwas gegen die Ungerechtigkeit auf der Welt zu unternehmen.

Anfangen zu essen

Mit dem ersten Bissen verspreche ich
Freude zu bringen.
Mit dem zweiten verspreche ich

das Leiden anderer lindern zu helfen.
Mit dem dritten verspreche ich,
die Freude anderer auch als meine eigene Freude zu sehen.
Mit dem vierten verspreche ich,
den Weg des Nicht-Anhaftens und des Gleichmuts zu gehen.

Dieser Vers erinnert uns an die Vier Grenzenlosen Geisteszustände (Sanskrit: Brahmavihara): liebende Güte, Mitgefühl, Freude und Gleichmut. Von ihnen wird gesagt, dass es sich bei ihnen um die vier Wohnstätten der Buddhas und Bodhisattvas handelt. Während wir unseren ersten Bissen kauen, mögen wir vielleicht unsere Dankbarkeit zum Ausdruck bringen, indem wir versprechen, mindestens einem Menschen Freude zu bringen. Mit dem zweiten Bissen können wir das Versprechen geben, das Leiden von mindestens einem Menschen zu lindern. Nach dem vierten Bissen lenken wir unser Gewahrsein auf das Essen und seine eigentliche Natur.

Den Teller nach dem Essen betrachten

Der Teller ist leer.
Mein Hunger ist gestillt.
Ich gelobe,
zum Wohle aller Wesen zu leben.

Dieser Vers erinnert uns an die Vier Dankbaren Haltungen – gegenüber unseren Eltern, Lehrern, Freunden und allen Wesen der Tier-, Pflanzen- und Mineralienreiche.

(Vgl. Thich Nhat Hanh, »Klar wie ein stiller Fluss«, Heidelberg 1999.)

Tiefes Zuhören, liebevolle Rede

An vielen amerikanischen Universitäten gibt es Kurse, in denen Kommunikationstechniken gelehrt werden. Ich bin nicht sicher, was diese Kurse zum Inhalt haben, aber ich hoffe, dass dort die Kunst des einfühlsamen Zuhörens und liebevollen Sprechens gelehrt wird. Wenn wir wirklich unsere Fähigkeit zu kommunizieren verbessern wollen, dann sollten wir diese Kunst jeden Tag üben. In Vietnam gibt es ein Sprichwort: »Liebevolle Rede kostet nichts.« Wir brauchen nur darauf zu achten, unsere Worte sorgfältig zu wählen, und schon können wir andere Menschen sehr glücklich machen. Unsere Art und Weise zu sprechen kann anderen Menschen Freude, Glück, Selbstvertrauen, Hoffnung, Vertrauen und Erleuchtung schenken.

Viele von uns haben die Fähigkeit des Zuhörens und liebevollen Sprechens verloren. In manchen Familien hört niemand mehr dem anderen zu. Jede Form der Kommunikation ist unmöglich geworden. Für mich stellt dies das größte Problem unserer Zeit dar. Niemals zuvor in der Geschichte der Menschheit besaßen wir so viele Möglichkeiten, miteinander zu kommunizieren – Fernsehen, Radio, Telefon, Fax, E-Mail, das Internet –, trotzdem bleibt jeder eine Insel für sich. Wirkliche Kommunikation innerhalb der Familie, der Gesellschaft oder Nation findet kaum noch statt. Es gibt so viele Kriege und Konflikte. Aus diesem Grund müssen wir die Tore der Kommunikation erneut öffnen. Wenn wir nicht kommunizieren, werden wir krank und schütten unser Leiden über andere aus. Wir bezahlen Psychotherapeuten, damit sie uns zuhören, aber Psychotherapeuten sind nur Menschen, die auch Probleme haben.

An einem Tag im Karma Ling, einem Meditationszentrum in den französischen Alpen, machte ich einer
Gruppe von Kindern den Vorschlag, dass sie jedes Mal,
wenn sie Kummer oder Sorgen in sich spüren, zu einem
Freund oder den Eltern gehen sollten, um darüber zu
sprechen. Kinder leiden in der gleichen Weise wie Erwachsene. Auch sie können sich einsam, entfremdet
oder hilflos fühlen. Wir müssen ihnen beibringen, wie
sie über ihr Leiden sprechen können.

Nehmen Sie an, Ihr Partner ist unfreundlich mit Ihnen
und Sie fühlen sich verletzt. Wenn Sie sofort etwas erwidern, riskieren Sie, dass sich die Situation weiter zu-
spitzt. Die beste Verhaltensweise besteht in diesem Fall
darin, ein- und auszuatmen, um sich zu beruhigen.
Dann können Sie antworten: »Liebling, was du gerade
gesagt hast, hat mich verletzt. Ich möchte tiefer in dieses
Gefühl hineinschauen und dich bitten, dasselbe zu tun.«
Anschließend können Sie eine Verabredung für den
kommenden Freitag treffen, um gemeinsam über das
Problem nachzudenken. Wenn jemand tief in die Ursachen seines Leidens schaut, so ist das gut; noch besser
ist es, wenn dies zwei Personen tun und am besten,
wenn beide gemeinsam die Situation betrachten.

Den Freitag schlage ich aus zwei Gründen vor. Erstens
ist es möglicherweise zu riskant, wenn Sie aus Ihrer Ver-
letzung heraus sofort eine Diskussion beginnen. Möglicherweise sagen Sie Dinge, die die Situation noch weiter
verschlimmern. In der Zeit bis zum Freitagabend können Sie tief in Ihr Leiden hineinschauen und der andere
hat ebenfalls Gelegenheit dazu. Sie können zum Beispiel, während Sie Auto fahren, darüber nachdenken.
Vielleicht haben einer oder beide bereits vor dem Frei-

tag die eigentliche Ursache des Problems erkannt und
sind dazu in der Lage, es dem anderen mitzuteilen und
um Entschuldigung zu bitten. Dann können Sie am Freitagabend zusammensitzen, gemeinsam eine Tasse Tee
genießen und sich an der Gegenwart des anderen erfreuen. Wenn Sie sich zu einem bestimmten Zeitpunkt
verabreden, dann haben Sie beide genügend Zeit, um
sich zu beruhigen und die Situation genau zu betrachten. Das ist Meditation: sich beruhigen und tief in die
Natur unseres Leidens schauen.

Wenn der Freitag gekommen ist, Sie Ihr Leiden aber
noch nicht verwandeln konnten, sollten Sie die Kunst
Avalokiteshvaras praktizieren – Sie hören auf eine tiefe
Weise zu, während die andere Person über ihr Leiden
spricht. Wenn Sie an der Reihe sind zu sprechen, sollten
Sie so ehrlich wie möglich sein und gleichzeitig auf eine
liebevolle Weise sprechen, damit der andere das, was
Sie sagen möchten, verstehen und akzeptieren kann. Er
wird bereits weniger leiden, wenn Sie wirklich auf eine
tiefe Weise zuhören können. Der zweite Grund, bis zum
Freitag zu warten, ist, dass Sie sich am Samstag und
Sonntag an Ihrem Zusammensein erfreuen können, weil
Sie so ausreichend Zeit hatten, Ihre negativen Gefühle
aufzulösen.

Liebevolles Sprechen ist ein wichtiger Aspekt der Praxis.
Wir sagen die Wahrheit, aber wir sprechen trotzdem auf
eine liebevolle, gewaltlose Weise. Das können wir nur,
wenn wir über ausreichend innere Ruhe verfügen. Solange noch Ärger in uns ist, sagen wir möglicherweise
Dinge, die zerstörerisch wirken. Deshalb sollten wir uns
hüten, sofort etwas zu erwidern und stattdessen einfach
nur atmen. Falls es notwendig wird, können wir Geh-

meditation an der frischen Luft praktizieren, um die Bäume, die Wolken und den Fluss zu betrachten. Sobald wir uns beruhigt haben und genügend Klarheit besitzen, können wir wieder die Sprache der liebenden Güte sprechen. Spüren wir während des Sprechens erneut Ärger in uns aufsteigen, können wir innehalten und atmen. Darin besteht die Praxis der Achtsamkeit.

Mitfühlendes Zuhören verfolgt ein Ziel: dem Menschen vor uns zu helfen, weniger zu leiden. Es ist wichtig, das Gewahrsein in sich zu stärken, damit Sie ruhig bleiben und weiter zuhören können, gleichgültig was die andere Person sagt. Sie verurteilen nicht, sondern halten Ihr Mitgefühl lebendig. Der andere mag ungerecht sein, unrichtige Dinge sagen, Sie beschuldigen, angreifen oder verurteilen – Sie bewahren sich die Energie des Mitgefühls, damit die Samen des Leidens in Ihnen nicht berührt werden. Es ist sehr hilfreich, während des Zuhörens achtsames Atmen zu praktizieren. »Einatmend weiß ich, dass ich der anderen Person zuhöre, damit sie weniger leidet. Ausatmend weiß ich, dass die Person vor mir sehr stark leidet.« Wir müssen unsere Fähigkeit trainieren, fünfundvierzig Minuten oder eine Stunde lang zu sitzen und zuzuhören, ohne ärgerlich zu werden. Avalokiteshvara ist jemand, der über diese Fähigkeit verfügt und die Kunst des tiefen Zuhörens beherrscht.

Wir wollen nicht, dass die in uns liegenden Samen des Leidens gewässert werden, während wir zuhören. Aus diesem Grund müssen wir üben. Entscheidend ist, wie viel Zeit wir darauf verwenden, achtsames Gehen, Atmen und Sitzen zu praktizieren. Zuerst sollten wir uns selbst helfen, bevor wir versuchen, jemand anderem zu helfen. Wenn wir zum ersten Mal versuchen, mitfühlend

164

zuzuhören, werden wir möglicherweise die Erfahrung machen, dass unsere Grenze bereits nach fünfzehn Minuten erreicht ist. Vielleicht fühlen wir uns ab diesem Zeitpunkt zu müde oder zu ärgerlich, um fortzufahren. Sie könnten dann etwas in der folgenden Art sagen: »Liebling, bist du einverstanden, wenn wir später weitermachen? Ich brauche jetzt Zeit, um etwas Gehmeditation zu üben.« Bevor wir fortfahren, sollten wir uns erholen. Es ist wichtig, unsere eigene Grenze zu kennen. Andernfalls wird unser Versuch, anderen helfen zu wollen, fehlschlagen.

Bei einer Zusammenkunft, bei der ich dabei war, gab es jemanden, der nicht in der Lage war zu sprechen, weil ihm nie jemand zugehört hatte. Für einen langen Zeitraum praktizierten wir achtsames Atmen. Wir saßen mit unserer vollen Aufmerksamkeit da und er versuchte wieder und wieder zu sprechen. Schließlich gelang es ihm, über sein Leiden zu sprechen. Das Kennzeichen wahrer Liebe ist Geduld. Wenn Sie jemanden wirklich lieben, dann werden Sie geduldig mit ihr oder ihm sein.

Die Praxis des Bodhisattva Avalokiteshvara besteht darin, jedem Geräusch oder Klang auf eine tiefe Weise zuzuhören, auch dem Geräusch des Schmerzes, der von innen oder von außen kommt. Dem Klang einer Glocke, dem Geräusch des Windes und des Wassers, den Insekten und allen lebenden Wesen zuzuhören ist Teil unserer Praxis. Wenn wir wissen, wie wir tief zuhören und achtsam atmen, dann gewinnt unser Leben an Klarheit und Tiefe.

(Vgl. Thich Nhat Hanh, »Nimm das Leben ganz in deine Arme – die Lehre des Buddha über die Liebe«, Berlin,

2. Aufl. 2002, und »Die Kunst des glücklichen Lebens«, Berlin 2001.)

Tiefenentspannung

In unserem Körper sammeln sich Anspannung und Stress an. Die Art und Weise wie wir essen, trinken und leben, erfolgt auf Kosten unseres Wohlbefindens. Tiefenentspannung schenkt unserem Körper die Gelegenheit zu ruhen, zu heilen und sich zu erneuern. Wir entspannen unseren Körper, schenken jedem seiner Teile der Reihe nach unsere Aufmerksamkeit und senden unsere Liebe und Fürsorge zu jeder seiner Zellen.

Es ist sinnvoll, mindestens einmal am Tag zu Hause Tiefenentspannung zu praktizieren. Wir können fünfundzwanzig Minuten oder länger dazu verwenden, jeder Raum ist dazu geeignet. Eine Person leitet die Übung an. Sogar die jüngeren Familienmitglieder können daran teilnehmen und lernen, wie man diese Übung so anleitet, dass sich die ganze Familie dabei vollkommen entspannen kann.

Falls Sie unter Schlafproblemen leiden, kann Ihnen Tiefenentspannung helfen, besser einzuschlafen. Aber auch wenn Sie bei der Übung wach bleiben, wirkt sie auf eine tiefe Weise und es ist Ihnen möglich auszuruhen. Es ist sehr wichtig, sich dies zu gestatten.

Tiefenentspannung ist eine so wesentliche Übung, dass sie in allen Bereichen ihren Platz finden sollte. Falls Sie Lehrer an einer Schule sind, können Sie diese Technik erlernen und Ihre Schüler dazu einladen, vor oder während des Unterrichts Tiefenentspannung im Sitzen oder Liegen zu praktizieren. Lehrer und Schüler ziehen daraus in gleicher Weise ihren Nutzen, da die Übung hilft, Anspannung und Stress zu vermindern. Auch als Arzt können Sie damit Ihren Patienten helfen. Wenn Sie die Kunst erlernen, achtsam zu atmen und sich vollkommen zu entspannen, wird das Ihre Selbstheilungskräfte stärken und eine Genesung beschleunigen.

Selbst Regierungsmitgliedern bzw. Bundestagsabgeordneten ist es möglich, Tiefenentspannung und achtsames Atmen zu praktizieren. Wir möchten, dass die von uns gewählten Volksvertreter über genügend Klarheit verfügen, damit sie Entscheidungen so gut wie möglich treffen können. Tiefenentspannung ist keine Übung, die irgendeiner Sekte oder Religion zuzuordnen ist.

Falls Sie gemeinsam in einer Gruppe praktizieren wollen, kann eine Person die Übung anleiten, indem sie den folgenden Text oder eine Variante davon verwendet. Wenn Sie die Übung anleiten, sprechen Sie langsam und legen Sie öfters Pausen ein, um den anderen das Zuhören und die Umsetzung zu erleichtern. Üben Sie allein Tiefenentspannung, können Sie den Text auch aufnehmen und anschließend abspielen.

Übung zur Tiefenentspannung

Lege dich entspannt und bequem auf den Rücken. Die Arme ruhen links und rechts neben deinem Körper. Gib deinem Körper die Erlaubnis, sich zu entspannen. Werde dir des Bodens unter dir bewusst und spüre die Teile deines Körpers, welche die Unterlage berühren. Gib deinem Körper die Erlaubnis, tiefer und tiefer in die Unterlage einzusinken.

167

*Richte dein Gewahrsein jetzt auf deinen Atem, wie er ein-
und ausströmt. Wenn du einatmest, spüre, wie sich die
Bauchdecke hebt, wenn du ausatmest, nimm wahr, wie sie
sich senkt – ein Heben und Senken.*

*Einatmend werde dir nun deiner Augen bewusst, ausat-
mend lass deine Augen und die Muskeln um sie herum sich
ganz entspannen. Lasse deine Augen ruhen und in die Au-
genhöhlen zurücksinken. Unsere Augen ermöglichen es uns,
ein Paradies von Formen und Farben zu sehen. Sende ihnen
all deine Liebe und Dankbarkeit. Erlaube deinen Augen,
sich auszuruhen.*

*Einatmend lenke dein Gewahrsein nun auf deinen Mund.
Ausatmend erlaube deinem Mund, sich zu entspannen.
Lass alle Spannungen im Bereich deines Mundes los. Deine
Lippen sind wie Blütenblätter einer Blume. Lass ein leichtes
Lächeln auf ihnen entstehen und entspanne die über hundert
Muskeln in deinem Gesicht. Spüre, wie die Spannung in
deinen Wangen, deinem Kiefer und Hals nachlässt.*

*Einatmend werde dir jetzt deiner Schultern bewusst. Ausat-
mend erlaube deinen Schultern, sich zu entspannen. Lasse
sie tiefer und tiefer in die Unterlage einsinken. Gib alle
Spannungen, die sich in ihnen angesammelt haben, an die
Unterlage ab. Unsere Schultern arbeiten so schwer. Gestatte
ihnen jetzt, sich auszuruhen.*

*Wenn du einatmest, sei dir jetzt deiner beiden Arme bewusst.
Und wenn du ausatmest, entspanne deine Arme. Lasse
deine Arme in die Unterlage einsinken – zuerst deine Ober-
arme, dann die Ellbogen, deine Unterarme, die Handge-
lenke, Hände und Finger. Bewege deine Finger etwas, wenn
dies den Muskeln dabei hilft, Spannungen abzugeben.*

Einatmend lenke deine Achtsamkeit auf dein Herz, ausatmend lasse dein Herz ruhig werden. Wir haben unser Herz lange Zeit vernachlässigt und ihm durch unsere Art zu arbeiten und zu essen, mit unserer Angst und unserem Stress Schaden zugefügt. Dein Herz ist Tag und Nacht für dich da. Umarme dein Herz zärtlich mit deiner Achtsamkeit.

Atme ein und sei dir deiner beiden Beine bewusst, gib ausatmend deinen Beinen die Erlaubnis, sich zu entspannen. Lass alle Spannungen in den Beinen los, zuerst in den Oberschenkeln, dann in den Knien, den Waden, den Knöcheln und den Zehen. Entspanne all die kleinen Muskeln in den Zehen. Vielleicht magst du die Zehen ein wenig bewegen, um ihnen dabei zu helfen, sich zu entspannen. Sende ihnen all deine Liebe und Fürsorge zu.

Einatmend spürst du, wie dein ganzer Körper sich leicht anfühlt, wie eine Blüte, die auf dem Wasser schwimmt. Ausatmend weißt du, dass du nirgendwohin gehen musst und nichts zu tun hast. Du bist frei wie eine Wolke am Himmel.

Lenke deine Aufmerksamkeit wieder auf deinen Atem und auf das Heben und Senken der Bauchdecke.

Während du weiter deinem Atem folgst, werde dir deiner Arme und Beine bewusst. Du kannst sie jetzt langsam wieder bewegen und dich strecken.

Nimm dir genügend Zeit, ganz behutsam und achtsam in die Sitzhaltung zurückzukehren.

Wenn du bereit bist, stehe langsam auf.

Sie können Ihr Gewahrsein auch auf die anderen Teile Ihres Körpers ausdehnen: Haare, Kopfhaut, Gehirn, Ohren, Nacken, Lungen, innere Organe, das Verdauungssystem, Becken und jedes andere Körperteil, das Heilung und Aufmerksamkeit benötigt.

Neubeginn

In Plum Village findet jede Woche eine Zeremonie statt, die wir »Neubeginn« nennen. Alle sitzen in einem Kreis, in dessen Mitte eine Vase mit frischen Blumen steht. Während wir darauf warten, dass die anleitende Person die Zeremonie eröffnet, folgen wir unserem Atem. Die Zeremonie hat drei Teile: Blumen wässern, Bedauern aussprechen und eigene Verletzungen bzw. Schwierigkeiten mitteilen. Diese Praxis kann uns davor bewahren, dass sich negative Gefühle über Wochen ansammeln und gewährleistet auf diese Weise, dass sich jeder in der Gemeinschaft sicher fühlen kann.

Wir beginnen mit dem Wässern der Blumen. Ist jemand bereit zu sprechen, legt er oder sie die Handflächen zusammen. Die anderen im Kreis legen ebenfalls die Hände zusammen, zum Zeichen, dass die andere Person nun das Recht hat sich zu äußern. Anschließend steht sie auf, geht langsam zur Blume in der Mitte des Kreises, nimmt sie zusammen mit der Vase und kehrt an ihren Platz zurück. Wenn sie spricht, spiegeln ihre Worte die Frische und Schönheit der Blume in ihrer Hand. Blumen zu wässern bedeutet, dass jeder Sprecher seine Wertschätzung für die heilsamen und positiven Qualitäten der im Kreis Sitzenden zum Ausdruck bringt. Es handelt sich dabei nicht um Schmeicheleien, sondern wir sind stets ehrlich. Jeder und jede verfügt über Stärken, die wir uns bewusst machen können. Derjenige, der die Blume hält, darf nicht unterbrochen werden. Er darf so viel Zeit beanspruchen, wie es für ihn notwendig erscheint. Die anderen im Kreis praktizieren eingehendes Zuhören. Wenn der Sprecher oder die Sprecherin sich mitgeteilt hat, steht er oder sie auf und bringt langsam die Vase in die Mitte des Kreises zurück.

Wir sollten diese Phase des Blumenwässerns nicht unterschätzen. Machen wir uns ernsthaft die wunderbaren Anteile einer Person bewusst, dann ist es sehr schwer, ihr Gefühle wie Ärger oder Groll entgegenzubringen. Wir werden ganz natürlich sanfter, unsere Perspektive wird sich weiten und wir werden mehr von der uns umgebenden Realität wahrnehmen können. Sobald wir nicht mehr in unseren falschen Vorstellungen, Irritationen und Urteilen gefangen sind, finden wir leichter Wege, uns mit den anderen in der Gemeinschaft oder der Familie zu versöhnen. Das Wesen dieser Praxis besteht darin, Verständnis und Liebe in einer Gemeinschaft wieder herzustellen. Dabei sollten die Übungsformen an die jeweilige Situation und die Beteiligten angepasst werden. Es ist stets hilfreich, den Rat von Menschen zu suchen, die bereits Erfahrungen mit dieser Praxis gesammelt haben und möglicherweise ähnlichen Schwierigkeiten begegnet sind, um von ihren Einsichten und Erfahrungen zu profitieren.

Im zweiten Teil der Zeremonie bringen wir unser Bedauern zum Ausdruck, Fehler gemacht oder jemanden verletzt zu haben. Eine gedankenlose Äußerung kann ausreichen, jemanden zu verletzen. Die Zeremonie des Neubeginns gibt uns Gelegenheit, uns unsere Fehler bewusst zu machen und sie ungeschehen zu machen.

Im dritten Teil können wir über die Verletzungen sprechen, die uns von anderen zugefügt wurden. Auch hier ist liebevolles Sprechen sehr wichtig. Wir wollen die Gemeinschaft heilen und ihr nicht schaden. Wir äußern uns offen und ehrlich, aber nicht auf eine zerstörerische Weise. Achtsames und tiefes Zuhören ist ein wichtiger Teil der Zeremonie des Neubeginns. Wenn wir in einem Kreis von Freundinnen und Freunden zusammensitzen, die sich alle in tiefem Zuhören üben, dann wird unser Sprechen schöner und aufbauender. Niemals sollten wir die anderen beschuldigen oder mit ihnen argumentieren.

Auch im letzten Teil der Zeremonie ist mitfühlendes Zuhören entscheidend. Wir hören der anderen Person zu, die über ihr Leiden und ihre Schwierigkeiten spricht, um ihr Leiden lindern zu helfen und nicht, um sie zu verurteilen oder mit ihr zu streiten. Wir hören mit all unserer Aufmerksamkeit zu. Selbst wenn wir etwas Unwahres vernehmen, hören wir weiterhin tief zu, so dass die andere Person ihren Schmerz zum Ausdruck bringen und ihre Anspannung loslassen kann. Würden wir etwas erwidern oder sie korrigieren, dann würde die Praxis keine Früchte tragen. Wir hören lediglich zu. Möchten wir der anderen Person mitteilen, dass ihre Wahrnehmung fehlerhaft war, dann können wir dies einige Tage später unter vier Augen und in Ruhe tun. Vielleicht wird sie bei der nächsten Zeremonie ihren Fehler selbst berichtigen und es ist gar nicht nötig, etwas zu sagen.

Wir beschließen die Zeremonie mit einem Lied oder wir halten einander bei den Händen und atmen gemeinsam für eine Minute. Manchmal enden wir auch mit einer Umarmungsmeditation.

(Vgl. Thich Nhat Hanh, »Friedlich miteinander leben«, München 2005.)

Der Friedensvertrag

In Plum Village haben wir den Text für einen Friedensvertrag entwickelt. Viele Paare haben ihn in Anwesenheit der ganzen Sangha unterzeichnet. Er hat den folgenden Wortlaut: »Mein Lieber/Meine Liebe, ich verspreche dir, dass ich nichts sagen oder tun werde, wenn Ärger in mir aufsteigt. Ich werde der Versuchung widerstehen, mich zu rächen, weil ich weiß, dass du dann leiden wirst. Und wenn du leidest, wirst du mir Leiden zufügen. Ich werde zu der Insel in mir selbst, zu meinem wahren Zuhause zurückkehren, um tiefes Schauen zu üben und meinen eigenen Anteil an der Situation zu erkennen. Ich werde dich fragen: ›Warum hast du das getan? Warum hast du etwas gesagt, worunter ich leide? Bitte erkläre es mir, bitte hilf mir. Ich möchte dich nicht strafen. Ich möchte von dir erklärt haben, warum du so etwas getan, warum du so etwas gesagt hast, und ich werde dir zuhören.‹ Ich bitte dich darum, mein Liebling, dasselbe zu tun. Falls du leidest, weil ich etwas getan oder gesagt habe, strafe mich bitte nicht. Bitte gib mir eine Chance. Frage mich, warum ich das getan oder gesagt habe.«

Väter und Söhne, Partner, Mütter und Töchter sollten sich um Versöhnung bemühen und einen Friedensvertrag unterzeichnen – er ist eine Praxis für unseren Alltag. »Mein Lieber/Meine Liebe, ich verspreche, dass ich von heute an nicht mehr die Samen des Ärgers oder der Eifersucht in dir wässern werde. Ich verspreche, die Samen der Freude, des Verstehens und des Glücks in dir zu

173

stärken. Bitte tue das Gleiche. Du weißt, wie viel Ärger und Eifersucht ich in mir trage. Bitte wässere diese Gefühle nicht jeden Tag. Wenn du das tust, leide ich, und du wirst ebenso leiden.« Dies ist keine bloße Absichtserklärung, sondern eine Praxis.

Sind wir ärgerlich, gleichen wir nicht einer wunderschönen Blume, sondern einer kurz vor der Explosion stehenden Bombe. Allein in unserem Gesicht spannen wir Hunderte von Muskeln an. Weil aus Ärger und Wut so viel Leiden entsteht, haben wir in Plum Village eine weitere Form des Friedensvertrages entwickelt, den sowohl Paare als auch Einzelpersonen in Gegenwart der Sangha unterzeichnen können. Damit steigt die Wahrscheinlichkeit, dass wir uns besser um unseren Ärger kümmern können. Wir unterzeichnen nicht bloß ein Blatt Papier, sondern entschließen uns zu einer Praxis, die uns dabei hilft, lange und glücklich zusammenzuleben. Dieser Vertrag hat zwei Teile – einen für die Person, die ärgerlich ist und einen anderen für denjenigen, der die Ursache des Ärgers einer anderen Person ist. Wenn wir ärgerlich werden oder jemand auf uns ärgerlich ist, folgen wir den Anweisungen des Friedensvertrages und wissen so genau, was zu tun und zu lassen ist. Am Ende dieses Kapitels finden Sie den Text des Friedensvertrages.

Im ersten Artikel erklären wir uns bereit, nichts zu tun oder zu sagen, das weiteren Schaden anrichten oder die Situation eskalieren lassen könnte. Wenn wir bemerken, dass wir ärgerlich sind, unterwerfen wir uns einer Art Moratorium in Bezug auf unsere Äußerungen und Handlungen.

Im zweiten Punkt verpflichten wir uns, unseren Ärger nicht zu unterdrücken. Aber anstatt sofort zu reagieren, warten wir auf den passenden Zeitpunkt. Wir sollten mindestens die Dauer von drei bewussten Atemzügen abwarten. Unterschreiten wir diese Zeit, könnte es eher schaden.

In Punkt 3 erklären wir uns dazu bereit, mit unserem Ärger zu atmen und zu der Insel in uns selbst Zuflucht zu nehmen. Wir wissen, dass Ärger vorhanden ist. Wir unterdrücken ihn weder noch stellen wir ihn in Frage. Wir kümmern uns um ihn, indem wir unser Gewahrsein auf den Atem lenken und das Gefühl des Ärgers liebevoll mit unserer Achtsamkeit umarmen. Es ist möglich, dies im Sitzen oder während eines Spaziergangs draußen in der Natur zu tun. Sollten wir eine halbe Stunde benötigen, nehmen wir uns diese halbe Stunde; benötigen wir drei Stunden, praktizieren wir drei Stunden lang bewusstes Atmen.

Der Buddha riet seinen Schülern: »Meine Freunde, verlasst euch nur auf euch selbst. Seid euch selbst eine Insel, nehmt Zuflucht zu der Insel in euch selbst.« In schwierigen Situationen, in denen wir nicht wissen, was wir tun sollen, ist dies eine wunderbare Übung. Säße ich in einem Flugzeug, das abzustürzen droht, wäre es genau dies, was ich üben würde. Wenn wir gut praktizieren, werden wir auf unserer Insel Bäume, Vögel, einen wunderschönen Fluss und sicheres Land vorfinden. Das Wesen eines Buddha ist Achtsamkeit. Achtsames Atmen ist das lebendige Dharma, lehrreicher als irgendein Buch. Die Sangha ist in den fünf Elementen gegenwärtig, aus denen unser »Selbst« besteht: Form, Gefühle, Wahrnehmungen, Geistesformationen und Bewusstsein.

Wenn diese Elemente in Harmonie miteinander sind, fühlen wir Frieden und Freude. Sobald wir bewusstes Atmen praktizieren und Achtsamkeit in uns entstehen lassen, ist der Buddha gegenwärtig. Wenn wir zu uns selbst zurückkehren und den Buddha in uns erkennen, dann wird uns nichts geschehen.

Gemäß dem vierten Punkt des Vertrages sollten wir uns bis zu 24 Stunden Zeit nehmen, um uns zu beruhigen. Dann haben wir die Aufgabe, der anderen Person mitzuteilen, dass wir ärgerlich sind. Wir haben kein Recht, unseren Ärger länger zu verbergen. Tun wir es doch, wirkt er wie ein Gift, das uns und den Menschen, den wir lieben, zerstört. Sind wir bereits mit der Praxis vertraut, können wir vielleicht schon nach fünf oder zehn Minuten der anderen Person mitteilen, dass wir ärgerlich sind; der längste Zeitraum beträgt aber 24 Stunden. Wir können etwas in der folgenden Art sagen: »Mein Lieber/Meine Liebe, was du heute morgen gesagt hast, hat mich verärgert. Ich möchte, dass du das weißt.«

Der fünfte Abschnitt rät uns, mit einem Satz der folgenden Art zu schließen: »Ich hoffe, dass wir am Freitagabend beide die Gelegenheit haben, ausführlicher über den Vorfall zu sprechen.« Danach treffen wir eine Verabredung. Der Freitagabend hat den Vorzug, dass wir Zeit haben, die kleinen und großen Bomben zu entschärfen, um so das ganze Wochenende für unsere gemeinsame Freude zur Verfügung zu haben. Falls wir noch zu aufgebracht sind, um mit ihm oder ihr auf eine ruhige Weise zu sprechen und die Frist von 24 Stunden bald erreicht ist, können wir den folgenden »Friedensbrief« zu Hilfe nehmen:

Datum:

Zeit:

Liebe(r) _____ ,

heute Morgen (Nachmittag) hast du etwas gesagt (getan),
worüber ich mich sehr ärgerte. Ich leide sehr darunter. Ich
möchte, dass du dies weißt. Du sagtest (tatest)...:

Bitte lass uns gemeinsam anschauen, was du gesagt (getan)
hast und den Vorfall ausführlich am nächsten Freitagabend
auf eine ruhige und offene Weise besprechen.

Deine (Dein) derzeit nicht sehr glücklicher

(Ihr Name)

Wenn wir einen solchen Brief benutzen, müssen wir sicherstellen, dass die andere Person ihn auch vor Ablauf der Frist erhält. Wir dürfen nicht sagen: »Ich habe den Brief auf deinen Schreibtisch gelegt, aber du hast ihn übersehen, also ist es deine Schuld.« Das ist zu unserem eigenen Besten, weil wir bereits erleichtert sein werden, wenn wir wissen, dass die andere Person den Brief bekommen hat. Am besten ist es, direkt und mit ruhiger Stimme mit dem anderen zu sprechen, aber wenn wir nicht ausreichend Ruhe in uns spüren, können wir den Friedensbrief ausfüllen und dem anderen überreichen. Aber wir sollten sichergehen, dass er oder sie den Brief rechtzeitig erhält.

Punkt 6 fordert uns dazu auf, nicht so tun, als ob wir uns gar nicht ärgern würden. Vielleicht sind wir zu stolz und wollen nicht zugeben, dass wir leiden. Dennoch sollten wir nicht sagen: »Ich bin nicht ärgerlich. Es gibt nichts, worüber ich ärgerlich sein könnte.« Wir dürfen die Wahrheit nicht verstecken. Dies ist ein wichtiger Aspekt des Friedensvertrages. Unser Stolz sollte nicht die Ursache für das Ende unserer Beziehung sein. Wir fühlen uns tief miteinander verbunden, wir unterstützen uns gegenseitig, wir sind vielleicht wie Bruder und Schwester füreinander da. Welchen Grund gibt es, so stolz zu sein? Mein Schmerz ist auch der Schmerz des anderen, mein Leiden ist auch seines.

Gemäß Punkt 7 sollten wir, während wir Sitz- oder Gehmeditation, achtsames Atmen, tiefes Schauen und achtsames Arbeiten praktizieren, unsere Aufmerksamkeit auf die folgenden Aspekte richten: 1.) Situationen, in denen wir uns ungeschickt oder unachtsam verhalten haben; 2.) die Art und Weise, wie wir die andere Person in der Vergangenheit verletzt haben, und die Gewohnheitsenergie in uns, schnell ärgerlich und verletzend zu werden; 3.) die eigentliche Ursache unseres Ärgers, nämlich der Samen des Ärgers in unserem Speicherbewusstsein, der sich gewohnheitsmäßig zu manifestieren versucht. Die andere Person ist nicht die primäre Ursache für unser Leiden. Wir haben Freunde, die nicht so leicht ärgerlich werden. Zwar tragen auch sie den entsprechenden Samen in sich, aber er ist offenbar weniger stark ausgeprägt als bei uns. 4.) Die Tatsache, dass die andere Person ebenfalls leidet und durch ihr ungeschicktes Verhalten unseren Samen des Ärgers wässert. Wir gestehen uns ein, dass sie nicht die eigentliche Ursache unseres Leidens ist. Ihr Verhalten ist höchstens eine sekundäre bzw. abgeleitete Ursache oder wir täuschen uns sogar in dieser Hinsicht – möglicherweise hatte der andere in keiner Weise die Absicht, uns zu verletzen. 5.) Wenn jemand wütend wird, glaubt er naiverweise, dass es ihm Erleichterung verschaffen würde, uns durch verletzende Worte ebenfalls leiden zu lassen. Obwohl dies nicht sehr weise ist, handeln viele Menschen so. Deshalb müssen wir die Einsicht entwickeln, dass die andere Person versucht, sich durch ihr Verhalten von ihrem Leiden zu befreien. 6.) Es ist eine Tatsache, dass wir nicht wirklich glücklich sein können, solange der andere leidet. Ist jemand innerhalb einer Gemeinschaft unglücklich, dann sind alle davon betroffen. Wenn wir unser eigenes Leiden beenden wollen, dann müssen wir auch der anderen Person dabei helfen, ihr Leiden zu beenden. Wir sollten versuchen, möglichst geschickt dabei vorzugehen, denn nur wenn sie in der Lage ist, ihr Leiden zu überwinden, kann wirkliches Glück in der Gemeinschaft entstehen.

Im achten Abschnitt werden wir dazu aufgefordert, uns sofort zu entschuldigen, wenn wir erkennen, dass wir ungeschickt oder unachtsam waren. Die andere Person soll sich nicht länger durch unser Verhalten schuldig fühlen. Es gibt keinen Grund dafür, bis Freitagabend zu warten. Sollten wir herausfinden, dass wir ärgerlich wurden, weil wir gewohnheitsmäßig zu schnell reagieren oder dass die Ursache in einem Missverständnis liegt, dann müssen wir zu der anderen Person gehen und sagen: »Es tut mir Leid. Ich war unachtsam und bin zu schnell und ohne Grund ärgerlich geworden. Bitte verzeih mir.« Der andere wird erleichtert sein. Am besten ist es, den Kreislauf des Leidens so früh wie möglich zu beenden.

Im neunten Artikel werden wir darauf hingewiesen, dass wir unsere Verabredung um ein paar Tage oder eine Woche verschieben sollten, wenn wir für ein Gespräch nicht ruhig genug sind. Solange wir noch aufgebracht sind, ist der richtige Zeitpunkt für unseren Austausch noch nicht gekommen. In diesem Fall sollten wir lieber noch ein paar Tage länger praktizieren.

Im zweiten Teil des Friedensvertrages gibt es fünf Abschnitte, die für denjenigen wichtig sind, der in einer anderen Person Ärger ausgelöst hat.

Dem ersten Abschnitt zufolge sollten wir die Gefühle des anderen respektieren, wenn wir merken, dass er ärgerlich geworden ist und auf Bemerkungen wie »Ich habe überhaupt nichts getan und du bist trotzdem verärgert« verzichten. Gefühle besitzen eine Art Lebenszeit – sie werden geboren, sind lebendig und sterben wieder. Selbst wenn wir der Auffassung sein sollten, dass der Ärger der anderen Person jeder Grundlage entbehrt und sie einer falschen Wahrnehmung unterlegen ist, sollten wir sie nicht dazu drängen, ihren Ärger aufzugeben. Wir helfen ihr eher, wenn wir sie allein lassen, damit ihr Ärger eines natürlichen Todes sterben kann.

Der zweite Artikel rät uns, den anderen nicht zu einem sofortigen Gespräch zu drängen, nachdem er uns mitgeteilt hat, dass er verärgert ist. Damit könnten wir alles in Gefahr bringen. Wir richten uns nach dem Friedensvertrag und akzeptieren den Freitagabend als verabredeten Termin. In der Zwischenzeit haben wir Gelegenheit, tief in die Situation hineinzuschauen. »Was habe ich gesagt oder getan, das die andere Person verärgert hat?« Praktizieren Sie tiefes Schauen, während Sie achtsam sitzen und gehen. Das ist wirkliche Meditation.

Im dritten Abschnitt wird uns gesagt, dass wir dem anderen unmittelbar antworten werden, wenn wir schriftlich um ein Gespräch gebeten werden, und bestätigen, am Freitagabend verfügbar zu sein. Dies ist wichtig, weil sich die andere Person besser fühlt, wenn sie weiß, dass wir den Brief erhalten haben.

Der vierte Artikel rät uns, achtsam zu atmen und Zuflucht zu der Insel in uns selbst zu nehmen, um drei Dinge zu erkennen: 1.) In uns gibt es Samen bzw. die Gewohnheitsenergie der Unfreundlichkeit und des Ärgers. Wir haben den anderen zuvor unglücklich gemacht. Auch wenn wir wissen, dass wir das Leiden des anderen nicht verschuldet haben, können wir uns diese Tatsache eingestehen. Wir sollten uns nicht zu sicher sein, dass wir dieses Mal nicht verantwortlich sind. 2.) Vielleicht haben wir gelitten und dachten, es würde uns etwas von der Last unseres Leidens genommen, wenn wir etwas Verletzendes zum anderen sagen. Das ist der falsche Weg, Erleichterung zu suchen und wir müssen erkennen, dass es nicht weise ist, sich so zu verhalten. Wir sollten die Hoffnung aufgeben, unser Leiden würde dadurch gelindert, dass die andere Person ebenfalls leidet. 3.) Wir schauen auf eine tiefe Weise und erkennen, dass ihr Leiden auch unser Leiden ist. Lindern wir ihr Leiden, helfen wir auch uns selbst.

Im fünften Abschnitt werden wir aufgefordert, nicht zu warten, wenn wir wissen, dass wir uns entschuldigen sollten. Wir können einfach zum Telefon greifen und sofort anrufen, ohne den Versuch zu unternehmen, das, was wir taten oder sagten, zu rechtfertigen bzw. zu erklären. Sich einfach zu entschuldigen, kann sehr wirkungsvoll sein. Wir sagen einfach: »Es tut mir sehr Leid. Ich war unachtsam und hatte nicht genügend Verständnis.« Es gibt keinen Grund, bis zum Freitag zu warten.

Der Friedensvertrag ist eine Achtsamkeitsübung. Bitte studieren Sie ihn gründlich und bereiten Sie sich sorgfältig auf den Zeitpunkt vor, zu dem er unterzeichnet werden soll. Um ihn stärker an Ihre persönliche Situation anzupassen, können Sie weitere Abschnitte hinzufügen. Am besten ist es, ihn in der Meditationshalle in Anwesenheit und mit Unterstützung Ihrer Gemeinschaft zu unterschreiben. Sollte Ihnen diese Möglichkeit fehlen, unterzeichnen Sie dort, wo immer es Ihnen passend erscheint. Allerdings sollten Sie ihn nur dann unterschreiben, wenn Sie ganz sicher sind. Wenn Sie den Friedensvertrag unterschreiben und ihn praktizieren, dann wird er nicht nur Ihnen und Ihrem Partner von großem Nutzen sein, sondern wir alle werden von Ihrem geschickten Umgang mit der Energie des Ärgers profitieren. Leben Sie in Harmonie und seien Sie glücklich!

Friedensvertrag

Damit wir lange und glücklich zusammenleben und stetig unsere Liebe und das Verständnis füreinander vertiefen und weiterentwickeln können, erklären wir uns bereit, Folgendes zu beachten und zu tun:

Für den Fall, dass ich verärgert bin, stimme ich Folgendem zu:

1. *Ich werde alles unterlassen, was weiteren Schaden verursachen oder den Ärger eskalieren lassen könnte.*
2. *Ich werde meinen Ärger nicht unterdrücken.*
3. *Ich werde achtsames Atmen üben und versuchen, zur Insel in mir zurückzukehren.*
4. *Innerhalb von 24 Stunden werde ich der Person, die meinen*

Ärger ausgelöst hat, meinen Ärger und mein Leiden in ruhiger Form mündlich oder schriftlich mitteilen.

5. Ich werde die andere Person mündlich oder schriftlich um ein Gespräch im Verlauf der Woche (z. B. Freitagabend) bitten, um den Vorfall ausführlicher zu besprechen.

6. Ich werde nicht sagen: »Ich bin nicht ärgerlich. Ich leide nicht. Es ist alles in Ordnung.«

7. Ich nehme mir Zeit, in Ruhe und mit klarem Blick mein Leben im Alltag zu betrachten. Insbesondere betrachte ich:
a. ob ich selbst ungeschickt oder nicht genügend achtsam war,
b. ob ich durch meine Verhaltensweisen und durch in der Vergangenheit wurzelnde Gewohnheiten die andere Person verletzt habe,
c. dass ich Samen des Ärgers in mir trage, die die primäre Ursache meines Ärgers sind,
d. wie die andere Person ebenfalls leidet,
e. wie ihr Umgang mit ihrem Leiden meinen Ärger wachsen lässt,
f. wie die andere Person die Last ihres Leidens zu erleichtern sucht,
g. dass ich nicht wirklich glücklich sein kann, solange die andere Person leidet.

8. Ich werde mich sofort entschuldigen, ohne bis zum vereinbarten Gespräch zu warten, wenn ich Ungeschicklichkeit und Unachtsamkeit bei mir bemerkt habe.

9. Ich werde das vereinbarte Gespräch verschieben, wenn ich mich nicht ruhig genug dafür fühle.

Für den Fall, dass ich die andere Person ärgerlich gemacht habe, stimme ich Folgendem zu:

1. Ich werde die Gefühle der anderen Person achten, sie nicht verspotten oder ins Lächerliche ziehen und ihr genügend Zeit geben, sich zu beruhigen.

2. *Ich werde sie nicht zu einer sofortigen Diskussion drängen.*

3. *Ich werde die Anfrage der anderen Person bestätigen, sei es mündlich oder schriftlich und ihr versichern, dass ich für ein Gespräch zur Verfügung stehen werde.*

4. *Ich werde meinen Atem achten und versuchen, zu meinem inneren Frieden zurückzukehren, um in Ruhe und mit klarem Blick Folgendes zu betrachten:*

   a. Ich trage Samen der Unfreundlichkeit und des Ärgers in mir und habe Verhaltensmuster und Gewohnheiten, die die andere Person unglücklich machen.

   b. Möglicherweise habe ich versucht, die Last meines eigenen Leidens leichter zu machen, indem ich der anderen Person Leid zufügte.

   c. Indem ich der anderen Person Leid zufügte, füge ich mir selber Leid zu.

5. *Wenn ich Ungeschicklichkeit und Unachtsamkeit bei mir erkannt habe, werde ich mich sofort entschuldigen, ohne bis zum vereinbarten Gespräch zu warten und ohne den Versuch zu machen, mein Verhalten zu rechtfertigen.*

In Gegenwart des Buddha und der Sangha als Zeugen geloben wir, dass wir diese Anweisungen befolgen und sie von ganzem Herzen praktizieren werden. Wir rufen die Drei Juwelen an, damit sie uns unterstützen und uns Klarheit und Vertrauen schenken mögen.

Unterschrift:
Ort und Datum:

(Vgl. Thich Nhat Hanh, »Nimm das Leben ganz in deine Arme – Die Lehre des Buddha über die Liebe«, Berlin, 2. Aufl. 2001, sowie »Touching Peace«, Berkeley 1992.)

Fünf Übungen der Achtsamkeit

Erste Achtsamkeitsübung
Im Bewusstsein des Leides, das durch die Zerstörung
von Leben entsteht, verspreche ich, Mitgefühl zu entwickeln und Wege zu erlernen, das Leben von Menschen,
Tieren, Pflanzen und Mineralien zu schützen. Ich bin
entschlossen, nicht zu töten, das Töten durch andere zu
verhindern und keine Form des Tötens zu dulden, sei es
in der Welt, in meinen Gedanken oder durch meine Lebensweise.

Zweite Achtsamkeitsübung
Im Bewusstsein des Leides, das durch Ausbeutung, soziale Ungerechtigkeit, Diebstahl und Unterdrückung entsteht, verspreche ich, liebende Güte zu entwickeln und
Wege zu erlernen, die zum Wohlergehen von Menschen,
Tieren, Pflanzen und Mineralien beitragen. Ich gelobe,
Großzügigkeit zu üben, indem ich meine Zeit, Energie
und materiellen Mittel mit jenen teile, die sie wirklich
brauchen. Ich bin entschlossen, nicht zu stehlen und mir
nichts anzueignen, was anderen zusteht. Ich werde das
Eigentum anderer achten, aber andere auch davon abhalten, sich am menschlichen Leiden oder dem Leiden anderer Lebensformen auf der Erde zu bereichern.

Dritte Achtsamkeitsübung
Im Bewusstsein des Leides, das durch sexuelles Fehlverhalten entsteht, verspreche ich, Verantwortungsgefühl
zu entwickeln und Wege zu erlernen, die Sicherheit und
Integrität von Individuen, Paaren, Familien und der Gesellschaft zu schützen. Ich bin entschlossen, keine sexu-
ellen Beziehungen einzugehen, die nicht von Liebe und
der Bereitschaft zu einem langfristigen Zusammensein

getragen sind. Ich bin entschlossen, meine Bindungen und die Bindungen anderer zu respektieren, um unser aller Glück zu erhalten. Ich werde alles tun, was in meiner Macht steht, um Kinder vor sexuellem Missbrauch zu schützen und zu verhindern, dass Paare und Familien durch sexuelles Fehlverhalten zerbrechen.

Vierte Achtsamkeitsübung

Im Bewusstsein des Leides, das durch unachtsames Sprechen und die Unfähigkeit, anderen zuzuhören entsteht, verspreche ich, liebevolles Sprechen und tief mitfühlendes Zuhören zu entwickeln, um meinen Mitmenschen Freude und Glück zu bereiten und ihr Leiden lindern zu helfen. In dem Wissen, dass Worte sowohl Glück als auch Leiden hervorrufen können, gelobe ich, aufrichtig und einfühlsam reden zu lernen und Worte zu gebrauchen, die Selbstvertrauen, Freude und Hoffnung fördern. Ich bin entschlossen, keine Informationen zu verbreiten, bevor ich nicht sicher bin, dass sie der Wahrheit entsprechen, und nichts zu kritisieren oder zu verurteilen, worüber ich nichts Genaues weiß. Ich will keine Worte gebrauchen, die Uneinigkeit oder Zwietracht säen oder zum Zerbrechen von Familien und Gemeinschaften beitragen können. Ich werde mich stets um Versöhnung und Lösung aller Konflikte bemühen, so klein sie auch sein mögen.

Fünfte Achtsamkeitsübung

Im Bewusstsein des Leides, das durch unachtsamen Umgang mit Konsumgütern entsteht, verspreche ich, für mich selbst, meine Familie und Gesellschaft auf körperliche und geistige Gesundheit zu achten, indem ich achtsames Essen, Trinken und Konsumieren übe. Ich will nur das zu mir nehmen, was den Frieden meines Körpers und meines Geistes fördert und was ebenso der kollektiven körperlichen und geistigen Gesundheit meiner Familie und der Gesellschaft dient. Ich bin entschlossen, auf Alkohol und andere Rauschmittel zu verzichten und keine Nahrungsmittel und anderen Dinge zu konsumieren, die mir schaden können, z. B. bestimmte Fernsehprogramme, Internetseiten, Zeitschriften, Bücher, Filme und Gespräche. Ich bin mir bewusst, dass ich meinen Vorfahren, meinen Eltern, der Gesellschaft und zukünftigen Generationen unrecht tue, wenn ich meinen Geist und meinen Körper derart schädigenden Einflüssen aussetze. Ich will daran arbeiten, Gewalt, Angst, Ärger und Verwirrung in mir selbst und der Gesellschaft zu transformieren, indem ich eine maßvolle Lebensweise übe. Mir ist bewusst, dass eine maßvolle Lebensweise entscheidend ist für meine eigene Veränderung und für die Veränderung der Gesellschaft.

Anschriften

Spirituelles Zentrum von Thich Nhat Hanh

Plum Village
New Hamlet
13 Martineau
F-33580 Dieulivol
Tel.: 00 33/5 56 61 66 88
Fax: 00 33/5 56 61 61 51
www.plumvillage.org

Informationen über Thich Nhat Hanhs Aktivitäten und
Meditationsgruppen seiner Lehrrichtung in Deutschland

Intersein-Informationsbüro
Karl Schmied
Postfach 60
83730 Fischbachau
Tel.: 0 80 28/92 81
Fax: 0 80 28/21 20
www.intersein.de

Praxiszentrum und Seminarhaus

Intersein – Zentrum für Leben in Achtsamkeit
– Haus Maitreya –
Unterkashof 21/3
94545 Hohenau
Tel.: 0 85 58/92 02 52
www.intersein-zentrum.de

Buddhistisches Meditationshaus

Quelle des Mitgefühls
Heidenheimer Str. 27
D-13467 Berlin
Tel. 0 30/40 58 65 40
Fax 0 30/40 58 65 41
www.quelle-des-mitgefuehls.de

Nähere Informationen und Seminarangebote für die
Schweiz

Meditationszentrum Haus Tao
Marcel und Beatrice Geisser
CH-9427 Wolfhalden
Tel. 00 41/7 18 88 35 39
Fax 00 41/7 18 80 05 38

Botschaft des Lotos-Sutra

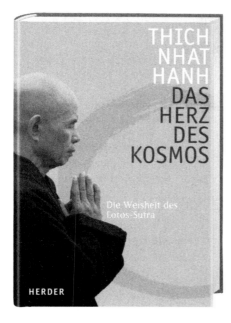

Das Herz des Kosmos

Die Weisheit des Lotos-Sutra

284 Seiten, gebunden mit Schutzumschlag

ISBN 3-451-28468-5

Jeder kann in seinem alltäglichen Leben innere Freiheit und Freude erlangen. Das ist die Botschaft des Lotos-Sutra. Es ist der zentrale Text des Buddhismus, der erstmals alle buddhistischen Schulen zu einen vermochte. Thich Nhat Hanh erschließt es nicht nur in seiner geschichtlichen, sondern v. a. in lebenspraktischer Bedeutung: Wie können Achtsamkeit, Mitgefühl und Liebe gelebt werden – zum Wohle des Einzelnen, der Gesellschaft und letztlich der Welt? Das lang erwartete Hauptwerk eines großen spirituellen Meisters unserer Zeit.

HERDER

Bücher von Thich Nhath Hanh

Lächle deinem eigenen Herzen zu
Wege zu einem achtsamen Leben

160 Seiten, Paperback
ISBN 3-451-04883-3

Schritte der Achtsamkeit
Eine Reise an den Ursprung des Buddhismus

144 Seiten, Paperback
ISBN 3-451-04890-6

Umarme dein Leben
Das Diamantsutra verstehen

160 Seiten, Paperback
ISBN 3-451-04973-2

Zeiten der Achtsamkeit
157 Seiten, Paperback
ISBN 3-451-05179-6

Heute achtsam sein
208 Seiten, Leinenband
ISBN 3-451-27163-X

Schlüssel zum Zen
Der Weg zu einem achtsamen Leben

192 Seiten, Paperback
ISBN 3-451-05335-7

Das Herz von Buddhas Lehre
Leiden verwandeln – die Praxis des glücklichen Lebens

288 Seiten, Paperback
ISBN 3-451-05412-4

Jesus und Buddha – Ein Dialog der Liebe
160 Seiten, Paperback
ISBN 3-451-05581-3

auch gebunden:
ISBN 3-451-27293-8

Das Leben berühren
Atmen und sich selbst begegnen

160 Seiten, Paperback
ISBN 3-451-05442-6

HERDER

Versöhnung beginnt im Herzen

„Es geht mir nicht d
irgendjemandem be
stimmte Vorstellung
vom Frieden zu vern
– Sie haben ja schon
viele Vorstellungen d
Unsere Absicht ist es,
und jetzt der Friede z
sein." *Thich Nhat Hanh*